J.V.

Wolfgang Koeppen
Jakob Littners Aufzeichnungen aus einem Erdloch

Jüdischer Verlag
Frankfurt am Main

Unveränderter Nachdruck der Erstausgabe
Jakob Littner: Aufzeichnungen aus einem Erdloch.
München, Kluger, 1948.
Mit einem Vorwort von Wolfgang Koeppen, 1991

Dritte Auflage 1992

Satz: Hümmer, Waldbüttelbrunn
Druck: Nomos Verlagsgesellschaft, Baden-Baden
Printed in Germany

Vorwort

1946/47, ein Hungerwinter in Deutschland, ein Notlager in Ruinen. Die Währung war die Zigarette. Ich rauche nicht. Ich bückte mich nicht nach Kippen. Ungeschickt für Schwarzhandel. Aber ich hatte Hitler und den Krieg überlebt. Für mich war es ein Wunder. Ich hoffte, wieder zu mir selbst zu finden, wieder schreiben zu können, wie ich es schon versucht hatte. In der Freiheit des freien Schriftstellers.

Eine Zeile eines Gedichts von Frank Wedekind: »Der Schriftsteller geht dem Broterwerb nach mit ausgefransten Hosen.« Das galt für normale Zeiten. Für Schriftsteller gab es keinen Broterwerb. Die deutschen Verleger warteten auf die Lizenz ihrer Besatzungsmacht, um ein Buch verlegen zu dürfen, die Druckpressen warteten auf Papier, das nach unbekannten Regeln zugeteilt wurde.

Es gibt in jeder Lage Optimisten. Ein Bücherfreund ohne Buchhändlerlehre wollte Verleger werden. Er stützte sich auf seinen Freund den Zufall.

Herbert Kluger, in Berlin abgebrannt, lebte in München. Er war mit einem Koffer angereist. Er sagte: »Wir machen ein Buch«. Der Verlag war gegründet.

Zu dem neuen Verleger kam ein Mann aus einer deutschen Hölle. Einst ein angesehener Bürger seiner Stadt, ein Briefmarkenhändler mit internationaler Reputation, dann ein Jude, der verschleppt wurde, in Ghettos und Vernichtungslagern gequält, vor der Tür des Todes gestanden und in Erschießungsgräben auf die schon Toten geblickt hatte. Das war noch nah.

Zurückgekommen in seine, von Bomben seiner Befreier zerstörten Stadt, meinte er Mörder zu sehen. Er wollte schreien, es würgte ihn aber nur. Er wollte sprechen und blickte in Gesichter, die alles gebilligt hatten.

Ich gehörte nicht zu den Leuten, die nichts gewußt haben. Die Hölle war überall. Ich war mir meiner Hilflosigkeit bewußt. Wer ging schon auf den Markt und schrie? Und hinter jedem stand der eigene Tod in jenen Jahren.

Der Jude erzählte dem neuen Verleger, daß sein Gott die Hand über ihn gehalten habe. Der Verleger hörte zu, er notierte sich Orte und Daten. Der Entkommene suchte einen Schriftsteller. Der Verleger berichtete mir das Unglaubliche. Ich hatte es geträumt. Der Verleger fragte mich: »Willst du es schreiben?«

Der mißhandelte Mensch wollte weg, er wanderte aus nach Amerika. Er versprach mir ein Honorar, zwei Carepakete jeden Monat.

Ich aß amerikanische Konserven und schrieb die Leidensgeschichte eines deutschen Juden. Da wurde es meine Geschichte.

Wolfgang Koeppen, 1991

Jakob Littners Aufzeichnungen aus einem Erdloch

»Es gab viele Ehepaare, die vereint durch das Spalier der Wache schritten, die alte Frau hatte ihre Hand auf den Arm des alten Mannes gelegt, der sich ritterlich über sie neigte, wie am Hochzeitstag. Sie schienen sehr gepflegt und sogar im Sonntagsstaat, und wir fragten uns, wie sie das in ihrem Waggon fertiggebracht hatten. Was uns noch mehr überraschte war, daß die Mehrzahl dieser alten Leute einen Hut trug, einen schwarzen Filz oder ein kleines Seidenkäppchen, die sie lange mit dem Ärmel gebürstet haben mußten. Einige schritten zwischen der Doppelreihe dahin, indem sie mit lauter Stimme Gebete sprachen, sangen und sich, wie in ihren Tempeln, mit der Faust gegen die Brust schlugen, nicht demütig, sondern eher zornig oder stolz; keiner beachtete die Soldaten.«
Arthur Koestler: Arrival and Departure

»In dem Gebot: ›Liebet eure Feinde, segnet, die euch fluchen‹, findet die Achtung vor dem Nächsten ihren letzten und erhabensten Ausdruck.«
Victor Gollancz: Our Threatened Values

Wir haben große Tage erlebt, und ich freue mich, daß es München war, wo der Welt, September 1938, der Frieden gegeben wurde. Auch ich habe Hitler und Mussolini, Daladier und Chamberlain gesehen. Sehr aus der Ferne natürlich. Aber mein Optimismus bewährte sich: es gibt keinen Krieg.

Ein Bekannter brachte mir die Neue Züricher Zeitung. Er steckte sie mir verstohlen zu, als fürchtete er, beobachtet zu werden. In Frankreich, in England, in Amerika melden sich kritische Stimmen zu unserem Abkommen von München. Besonders in England wird Chamberlain, der, als er zu Hause aus dem Flugzeug stieg, seinen Landsleuten das schöne Wort vom »Frieden für unsere Zeit« zurief, heftig angegriffen. Man beschuldigt ihn zu großer Nachgiebigkeit gegen den deutschen Kanzler. Der Krieg ist vermieden; mir scheint es leicht, jetzt zu schreiben, man hätte ihn riskieren müssen. Für wen sprechen diese Journalisten? Für ihre Völker? Ich glaube nicht, daß irgendein Volk auf der Welt sich den Krieg wünscht. In Deutschland sah ich keine Kriegsbegeisterung. Über den Karlsplatz marschierten Soldaten. Man jubelte ihnen nicht zu. Es war mehr Furcht als Begeisterung in den Augen der Menschen, ein stummes Fragen: muß es denn sein, und wer wird es überleben? Die Deutschen sind im Augenblick zweifellos erfüllt von Stolz und Dankbarkeit gegen ihren Führer. Und ich bin der Meinung, daß der nun gesicherte Friede und die neue freundschaftliche Verbundenheit der Völker auch die Lage der Juden in Deutschland erleichtern wird; zumindest ist wohl eine weitere Wendung zu schlimmeren Maßnahmen vorläufig nicht zu erwarten.

Ich habe über »die Lage der Juden in Deutschland« geschrieben, und so hingeschrieben finde ich den Ausdruck wieder fremd und künstlich. Was heißt das: Lage der Juden? Ich fühle mich nicht zugehörig einer besonderen und fremden Gruppe im deutschen Volk. Die fünf Jahre der nationalsozialistischen Herrschaft haben sich vergeblich bemüht, mich zum »rassebewußten« Juden zu erziehen. 1933, als alle natürlich gewachsenen Verhältnisse nach den Unterscheidungen der Rassenlehre überprüft und ausgerichtet werden sollten, sah ich, daß ich, ohne es bisher als etwas Besonderes empfunden zu haben, fast ausschließlich nichtjüdische Freunde und Bekannte hatte. Einige dieser Freunde haben sich inzwischen von mir, dem Juden, abgewandt; andere sind mir treu geblieben und zeigen sich mir, wenn möglich, noch freundschaftlicher gesinnt als vorher. Ich selbst aber sehe mich als Mensch wie alle anderen Menschen. Ich bin ein Bürger, ein Steuerzahler, ich liebe eine gewisse Behaglichkeit, ich bin kein Verbrecher. Diese ganze Propaganda, die mich als Angehörigen einer Menschenart, zu der mich die Geburt gesellte, beschimpft, muß ein entsetzliches Mißverständnis sein.

War das eine Überraschung! Ich muß lachen, wenn ich daran denke, wie wir alle uns aufgeregt haben. Auch Christa war ganz atemlos, als sie mich an das Telefon rief. Ein Reichsblitzgespräch aus Berlin! Das Fräulein vom Amt rief immer wieder: »Wiederholen Sie Ihre Nummer!« Am Apparat war die Reichskanzlei. Es schnurrte richtig vor lauter »Heil Hitler« im Draht, und ich wußte gar nicht, was ich erwidern sollte. Ich darf's doch nicht sagen! Endlich hörte ich ein breites, bayerisches »Grias Good, Jackl, bist as Du?« und ich atmete auf. Es war der Obergruppenführer Schreck, der mich aus Berlin anrief. Er ist ein guter und treuer Kunde. Oft hat er mein Geschäft besucht und die neuesten Stücke mußte ich ihm immer zurücklegen. Wenn ich in den letzten Jahren einmal bedrückt war über die antisemitischen Maßnahmen, sagte er immer: »A geh, Jackl, Dir wern ma doch nix toa!«

Es war noch dunkel, als es an meiner Tür läutete. Ich wachte auf und sah, daß es erst fünf Uhr war. Ich wußte sofort, daß etwas Furchtbares auf mich zukam. Es gibt ein altes Gerücht, nach dem man um diese Zeit »abgeholt« wird. Ich habe dem Gerücht nicht geglaubt. Ich habe es nicht beachtet. Aber jetzt, als im schlafenden Haus meine alte Türglocke so merkwürdig schrill und fremd zu hören war, da wußte ich, es ist wahr, es ist so, sie sind da! Ich rannte zur Tür, als ob ich den Lärm der Glocke ersticken wollte. Es war, als ob ich mich vor dem schlafenden Haus eines Läutens schämte, das die Abholung der Diebe ankündigt. Si-

cher war es auch Furcht, panische, nie gekannte Furcht, die mich zur Tür rennen ließ, wie einer Rettung entgegen; denn das Unvermeidliche soll schnell geschehen, damit es vorbei ist. Meine nackten Füße liefen über den Teppich wie über brechendes Eis. Ich klammerte mich an den Türgriff, und ich sah mich zufällig im Spiegel der Flurgarderobe: einen dicken, keuchenden Mann in einem zu kurzen Hemd. Ich sah mich, wie ich mich nie gesehen hatte: gefährdet, heimatlos, krank. Meine Wohnung, ein Symbol meiner bürgerlichen Existenz, zerplatzte gleichsam vor meinem Auge, und ein Sturm wehte mich hinaus in das Ungeschützte, vielleicht in das wahre Leben, und alles, was bisher war, ist nur Täuschung – das sichere Geschäft, die Briefmarkenhandlung, das Handelsregister, die Steuernummer, die bürgerlichen Ehrenrechte. Die Glocke hatte geläutet, die Stunde für mich geschlagen. Ich glaubte jedes Gerücht. Die Furcht, die ich fünf Jahre lang in mir unterdrückt hatte, mit einem ewigen »es kann nicht sein, es ist nicht so, es wird mir nicht widerfahren«, diese Furcht brach aus dem gerissenen Deich meines Sicherheitsbewußtseins wie ein hemmungsloser, alles überflutender Strom. Ich erwartete Schläge, Fußtritte, Schreie. Ich sah SA, SS, HJ, die geläufigen Abkürzungen für die Organisationen der Partei, ich sah ihre Fahnen, ihre Banner, ihre Aufmärsche, und ich sah mich auf ihrer Straße liegen, unter ihren Marschstiefeln, ein Opfer (warum, warum, mein Gott, warum ein Opfer?) und zertreten.
Vor der Wohnungstür im menschenleeren Treppenhaus stand aber nur der gemütliche Wachtmeister

vom Revier. Wir waren alte Bekannte sozusagen, und bis gestern hatten wir uns gegrüßt, wenn wir einander auf der Straße begegneten. Seine Stimme klang leise und mitleidig, als er sagte: »Ich muß Sie verhaften, Herr Littner!« Dann maß er mich mit einem allmählich strenge werdenden Blick, als ob es ihn ärgerte, mich im Hemd zu sehen, und schrie barsch: »Ziehen Sie sich an!«

Auf dem Polizeirevier wurde mir der Paß abgenommen. Es war sinnlos zu fragen, warum dies geschah und warum man mich überhaupt verhaftet hatte. Ich wußte keinen Grund. Aber ich wußte, daß es tausend Gründe gab. Sie standen im »Völkischen Beobachter« und im »Stürmer«.
Eine Weile blieb ich allein in einem Amtszimmer. Es kümmerte sich niemand um mich. Ich hatte früher gelegentlich auf dem Polizeirevier zu tun gehabt, aber niemals war es mir bewußt geworden, daß hier jedermanns Personalien in einem Fach verzeichnet waren, jedermanns Existenz hier bereit lag für einen Zugriff und Eingriff der Amtsgewalt, und das Revier war das Weichenstellerhaus des Teufels, wo Leib und Seele, das Sein, die Existenz auf Gleise gesetzt werden konnten, die in die Hölle führen. Über mein Dasein, das ich vielleicht als klein und unbedeutend, aber doch als einmalig empfinde, wurde nun nach der Nummer verfügt. Meine Karteikarte war an der bösen Reihe. Ich hatte zu warten, zu schweigen und mich zu fügen.
Es war aber nicht nur meine Karteikarte aus ihrem

Fach geholt worden. Es schien eine Großaktion im Gange zu sein, und die kleinen Funktionäre eines unbarmherzigen Staates bestimmten an diesem Morgen gewissenlos, aber routiniert das Schicksal vieler Menschen. Der Raum füllte sich mit Leidensgefährten, und es waren Kinder darunter, die noch ihre Schultaschen umhatten. Die Polizei hatte die Kinder auf dem Weg zur Schule aufgegriffen. Alle Verhafteten waren, wie ich, Juden polnischer Staatsangehörigkeit.

Ich spreche nicht polnisch und ich bin nie im eigentlichen Polen gewesen. Dennoch bin ich meiner Nationalität nach Pole, weil mein Vater in Auschwitz geboren wurde. Auschwitz gehörte einmal zur österreichisch-ungarischen Monarchie und war nach dem Kriege von 1914/18 Polen zugesprochen worden. Ich lebte zu dieser Zeit schon lange in München und fühlte mich als Deutscher. Aber die Friedenskonferenz von Trianon, auch eine hohe Amtsgewalt, verfügte über mich und viele und gab mir einen polnischen Paß. Da ich nur ein Mensch unter Menschen sein will, hat mich die polnische Staatsangehörigkeit bisher weder bedrückt noch entzückt. Ich habe die Sache nicht weiter wichtig genommen; ich hatte sie in all den Jahren beinahe vergessen.

Von Stunde zu Stunde wurden die Enge des Polizeigewahrsams und die Ungewißheit unseres Schicksals unerträglicher. Die Kinder begannen zu weinen, und den alten Leuten machte ihr bedrücktes Herz zu schaffen. Gegen Mittag rief ein Polizist meinen Namen. Mein Anwalt, Dr. S., war gekommen, um mich zu sprechen. Dr. S. bestätigte mir, daß ich und die anderen nicht Leidtragende einer gegen uns persönlich gerichteten Maßnahme waren, sondern daß wir nur allgemein und sozusagen nach der Statistik von einer Verfügung ergriffen wurden: der Ausweisung aller polnisch-jüdischen Staatsangehörigen aus dem Reich.

Gegen Abend wurden wir auf Lastwagen verladen und zur Stadt hinaus gefahren. Es war noch nicht die Reise nach Polen. Es war nur die Fahrt ins Gefängnis. Vor dem Gefängnistor von Stadelheim setzte man uns ab. Es waren wohl tausend Menschen, die von den einzelnen Polizeirevieren hierher gebracht wurden, und ein dichter Polizeikordon sicherte den Platz vor der Strafanstalt. Ich war noch niemals in einem Gefängnis gewesen, und ich hatte mich auch nie mit dem Gedanken beschäftigt, wie es wohl sein würde, wenn man verhaftet wird. Den meisten von uns ging es wohl ähnlich wie mir. Aber lag es an unserer Zeit oder lag es daran, daß wir Ähnliches schon im Film gesehen hatten, wir fügten uns alle mit großem Geschick in die Gefängnisordnung, stellten uns geduldig in einer Reihe auf und marschierten brav hintereinander von Tor zu Tor, von Gitter zu Gitter, die vor uns geöffnet und hinter uns geschlossen wurden. Schließlich gelangten wir in einen großen, breiten Gang, der zu beiden Seiten von einer langen Reihe von Einzelzellen flankiert wurde. Bei all seiner peinlichen Realistik hatte der Vorgang etwas Unwirkliches und Traumhaftes. Das Heer der Wärter übernahm die Herde der

Verlorenen. Die meisten Wärter benahmen sich wohl korrekt und waren nur von gewohnter amtlicher Mitleidlosigkeit. Mir fehlt die Erfahrung, um dies zu beurteilen. Aber einige waren so grob, so roh, sie trieben mit Faustschlägen die Menschen vorwärts, daß ich doch das Gefühl hatte, sie entledigten sich ihres menschlich-persönlichen und keines amtlichen Hasses: Sie waren auf uns losgelassen, und wir waren ihnen hilflos ausgeliefert.

Ich habe meine erste Nacht im Gefängnis verbracht. Wir saßen zu viert in einer Zelle. Ein Ingenieur, zwei Kaufleute und ich. Ihr Schicksal ähnelte dem meinen; sie waren Polen, ohne jemals in Polen gewesen zu sein, und sie sprachen deutsch und nicht polnisch. Keiner von uns schlief. Im Gang war das Licht brennen geblieben, und als einige von uns gemerkt hatten, daß die Türen der einzelnen Zellen nicht verschlossen waren, entwickelte sich ein reger Verkehr, ein unruhiges, besorgtes Aufsuchen der Leidensgefährten von Zelle zu Zelle. Unser Unglück war zu plötzlich gekommen, als daß auch nur einer von uns sich schon ganz dessen bewußt gewesen wäre, was ihm geschah und was aus ihm werden sollte. Das trübe Licht des Gefängnisses war unsere Gegenwart, und unsere Zukunft schien von keinem besseren Licht erhellt. Der Verbrecher mag wissen, ich sitze an einem Ort der Verdammnis, weil ich dies oder das getan, mich gegen dieses oder jenes Gesetz vergangen habe, und er hat, wenn er kein Dummkopf ist, die Möglichkeit seiner Bestrafung erwarten müssen. Wir waren uns keiner Schuld bewußt; wir wurden wie vom Regen getroffen und beschuldigt, weil uns der Zufall der Geburt zu Juden und der Lauf der Weltgeschichte zu Polen gemacht hatte. Ich bin kein frommer Mann gewesen, aber in dieser Nacht der Not beschäftigte mich der Gedanke an Gott. Er beunruhigte und beruhigte mich in einem, und da ich an ihn dachte, wußte ich, daß ein Gott ist und daß er mich behüten wird. Ich gehörte nicht zu dem Kreis der Juden, die im Hintergrund des Ganges sich gegen die Wand lehnten und beteten. Ich hatte seit den Tagen meiner Kindheit keinen Juden öffentlich beten sehen. Ich hätte vielleicht vor kurzer Zeit noch dazu geneigt, die Betenden mit einem Lächeln überlegener Skepsis zu betrachten. Jetzt erkannte ich, daß die Frommen in ihrem Gottvertrauen eine Stütze hatten und auch im Elend die Menschenwürde, als von einem Höheren gegeben, wahren konnten. Über allem Hin und Her, über unsere Trauer, unsere Hoffnung, unsere Verzweiflung und unsere Empörung, über dem Weinen der Kinder und den hebräischen Worten der Beter schwebte der Geruch des Gefängnisses, ein alter, abgestandener, zäher Geruch menschlicher Not, menschlicher Armut, menschlicher Exkremente und menschlicher Schuld. Vielleicht bin auch ich früher an dem Armen, den wir schuldig werden lassen, mit hartem Herzen vorbeigegangen.

Am Morgen erschienen unsere uniformierten Bewacher, die sich die Nacht über abseits gehalten hatten.

In ihrer den militärischen Ausdruck bevorzugenden Sprache redeten sie von unserem baldigen Abmarsch und erregten mit ihren teils sachlich gerechtfertigten, teils auch sinnlosen Anordnungen eine falsche, schon beinahe hysterische Aktivität in unserer ermüdenden Schar. Jeder versuchte noch, Nachrichten an Freunde geben zu können oder sich Sachen aus der so plötzlich verlassenen Wohnung kommen zu lassen, oder mit dem Verlangen nach Rechtsbeiständen oder Ärzten eine Zurückstellung vom Transport zu erreichen. Endlich wurden wir alle durch ein Spalier von Polizisten vor das Tor des Gefängnisses getrieben und wieder in die Lastwägen gestoßen.

Wir fuhren in einem Polizeizug. Wir fuhren durch Deutschland. Wir fuhren zwei Tage. Wir fuhren Tag und Nacht. Mal fuhr der Zug schnell, mal fuhr er langsam, mal hielt er stundenlang. Er fuhr nach keinem Fahrplan, oder er fuhr nach einem Fahrplan, den keiner von uns kannte. Vor jeder Wagentür saß ein Polizist. Er wurde alle zwei Stunden abgelöst. Manchmal war es ein freundlicher, manchmal ein barscher Mann. Im allgemeinen blickten die Polizisten gleichgültig und etwas gelangweilt vor sich hin. Zuweilen hielten wir in einem Bahnhof an einem Bahnsteig, auf dem Reisende standen und auf einen Zug warteten. Es waren freie Menschen. Es waren Menschen mit unserem Gesicht und unserer Freiheit von gestern. Sie konnten fahren, wohin sie wollten. Sie erkundigten sich nach unserem Zug, der nicht im Fahrplan stand und von dem keine Tafel verkündete, daß es ein Zug in die Verbannung war. Die Menschen beobachteten uns dann aus der Ferne. Es war ein grauer, unfreundlicher Herbsttag, an dem dies geschah. Und grau und unfreundlich sahen die Menschen aus. Sie schmähten uns nicht, und ich glaube nicht, daß sie uns haßten. Den meisten war unser Schicksal wohl gleichgültig. Einige hätten uns wohl gerne ein freundliches Wort gesagt und wagten es nicht.

In der Nacht brannte in den Waggons der Gefangenen nur über dem Sitz des Polizisten ein spärliches Licht. Ich konnte aus der Dunkelheit unseres Waggons in den folgenden hellerleuchteten Spezialwagen der Geheimen Staatspolizei blicken. An langen Tischen saßen die Gestapoleute. Funkapparate, Schreibmaschinen und Registraturen waren in Bewegung. Es war ein Bild der Gewalt und der Bürokratie, der rollende Befehlsstand der entmenschten Mächte, in deren Hände wir gefallen waren und die unser Los bestimmten.

Im Morgengrauen blieb unser Zug auf freiem Felde stehen. Wir glaubten, nahe der polnischen Grenze zu sein, und erwarteten nun den schmachvollen Akt, von einer Staatshoheit einer anderen übergeben zu werden. Ein Vaterland, dem wir uns einst durch freie Wahl verbunden gefühlt hatten, würde uns in ein anderes Vaterland stoßen, mit dem uns ein Papier und sonst wenig oder nichts verknüpfte. Es geschah aber gar nichts. Es war, als ob man uns hierher gefahren hätte, auf einen Acker, neben Kartoffelland und gestoppelten Getreidefeldern, um vor uns aus trüben Nebeln eine traurige Sonne aufgehen zu lassen. »Wir könnten hier auch hingerichtet werden«, meinte der Ingenieur, »es ist eine Landschaft zum Sterben«. Die nervenzerrüttende Fahrt ins Ungewisse ließ einen auf absurde Gedanken kommen.

Nach Sonnenaufgang promenierten die Gestapoleute auf dem Kartoffelacker. Ihre hohen Schaftstiefel waren blank geputzt. Die Kragen ihrer Ledermäntel hatten sie in der Morgenkühle hochgeschlagen. Sie glichen großen, unheimlichen, gepanzerten Käfern. Auch sie schienen auf etwas zu warten. Wahrscheinlich warteten sie auf einen Befehl, den irgend eine übergeordnete gepanzerte Käfergestalt ihnen durch den Morgennebel zufunken sollte. Endlich stellten sie sich, wohl nach ihrem Käferrange, in einer Reihe auf, und ein Junger, Fixer unter ihnen brüllte: »Aus jedem Waggon ein Jude raus!« Diese Juden – wir waren auf der ganzen Fahrt nicht anders als »Du Jude« oder »Du Jüdin« angeredet worden –, die nach einigem Zögern aus dem Zug gesprungen waren, mußten sich nun ihrerseits in einer militärischen Reihe vor den Gestapobeamten aufstellen, die mit ihnen ein in der ländlichen Verlassenheit überaus lächerlich und traurig wirkendes Spiel trieben. Die Juden mußten sich wie auf einem Kasernenhof ausrichten, Fühlung und Abstand nehmen, stramm stehen oder sich rühren. Sie mußten Kniebeugen machen, die Hände ausstrecken, sich links und rechts herum drehen und wahrscheinlich schlotterten ihre Glieder vor Angst und vor Kälte. Erst nach diesem Kasernenhofzirkus wurde ihnen mitge-

teilt, daß die polnische Regierung gegen unsere Ausweisung Einspruch erhoben habe und daß wir mit demselben Zug wieder nach München zurückkehren dürften – und zwar auf eigene Kosten, die sich auf 7,80 RM für die Person belaufen würden. Unsere Freude war unbeschreiblich. Manche weinten, viele jubelten, und uns allen erschien Deutschland, erschien München, in dem wir doch schon seit Jahren verfemt sind, als die Heimat, als das Glück, als das Zuhause. Wir sammelten das Fahrgeld ein, und für jeden, der nicht zahlen konnte, zahlte ein anderer.
Und endlich setzte sich unser Zug in langsame, rückwärtige Bewegung. Die Polizisten sind von den Waggontüren entfernt worden. Wahrscheinlich reisen sie nun im Wagen der Gestapobeamten. Ich werde nie den Morgen an der polnischen Grenze vergessen, unseren in der weiten Leere haltenden Zug, das fahle Licht der aufgehenden Sonne, das Warten, die grausamen Käfern gleichenden Gestapobeamten mit ihren blanken Stiefeln und ihren starken Ledermänteln auf dem nebelnassen Acker. Es war ein böses Bild, eine böse Landschaft, eine böse Reise. Es ist eine böse Zeit! Was mag uns bevorstehen!

Ich bin wieder in München, ich lebe wieder in meiner Wohnung, ich gehe in mein Geschäft, fast könnte man meinen, es habe sich nichts geändert. Der Herbst bringt uns noch schöne Tage. Die Sonne leuchtet im buntgefärbten Laub der Kastanien auf dem Karlsplatz. Seit wie vielen Jahren beobachte ich schon vom

Fenster meines Ladens ihr Blühen und ihren Blätterfall! Der Rhythmus der friedlichen Stadt schien mir immer besonders harmonisch mit dem Werden und Vergehen der Natur verbunden. War ich glücklich? Vielleicht bin ich es gewesen, weil ich mich nicht erinnern kann, mir die Frage überhaupt gestellt zu haben. Man fragt wohl erst im Unglück nach dem Glück. Ich kenne jetzt das Unglück. Der friedliche Schein dieses Herbstes trügt. Mir geht es nach meiner Reise nach Polen wie einem, der schwerkrank gewesen ist und vom Trank des Todes gekostet hat. Ich habe hinter die Kulissen dieser Welt geschaut. Hinter dem Leben liegt Bitternis. Ich bin zur Bitternis erwacht. Der Schlaf flieht mich. Der Tag ist von Kränkung voll. Wir Juden fürchten jetzt den 9. November, den großen Feiertag der Partei, ihren Marsch durch die Stadt, die erregte Atmosphäre der aufgestachelten nationalen Leidenschaft nach Hitlers großer Rede im Bürgerbräukeller.

Ich lebe in engerem Kontakt zur jüdischen Gemeinde in München. Vor meiner Reise an die polnische Grenze ist das nicht der Fall gewesen. Not und Verfemung schließen zusammen. Die deutschen Juden, selber ihrer Existenz bedroht, haben uns polnischen Juden geholfen, soweit es möglich war. Sie haben alles getan, um das Los der Ausgewiesenen zu erleichtern, und nach unserer Rückkehr haben sie uns empfangen und uns zu unseren Wohnungen begleitet. Der Kreis der nichtjüdischen Freunde wird kleiner von Tag zu

Tag, und es beginnt sich eine Entwicklung abzuzeichnen, nach der wir bald in einem unsichtbaren Ghetto leben werden. So nehme ich auch stärker an den Ängsten und Befürchtungen der Gemeinde teil. Früher habe ich jede Nachricht, die mich bedrücken könnte, ein Gerücht genannt und mir ferngehalten. Heute weiß ich, wie wahr Gerüchte sein können. Die Stimmung für den 9. November verschlechtert sich. In Paris soll ein Jude auf einen Beamten der deutschen Botschaft geschossen haben. Die Zeitungen berichten davon in großer Aufmachung. Es werden Sühnemaßnahmen verlangt, Sühnemaßnahmen an uns, die wir uns nur fürchten.

Wir haben den Parteifeiertag am Starnberger See verbracht. Ich bin mit meiner Geschäftspartnerin schon am frühen Morgen aus der Stadt herausgefahren, um allen Unannehmlichkeiten zu entgehen. Wie schön ist dieses Land! Der See lag in silberner Ruhe da. Die Alpen bildeten fern im Dunst des Mittags eine friedliche Silhouette. Leider ließen uns unsere Gedanken und unser Gespräch in einem düsteren Kontrast zur erhabenen Lieblichkeit dieser Landschaft. Ich schlug meiner Partnerin, einer Nichtjüdin – wie dumm sind diese Einstufungen –, die mit mir zusammen das Geschäft aufgebaut hat, die Auflösung unserer Partnerschaft vor. Christa wehrt sich noch gegen diesen Entschluß, der für mich den Verzicht auf einen wesentlichen Teil der Früchte meiner Lebensarbeit bedeuten würde. Ich sehe aber keine andere Möglichkeit, um das gefährdete Geschäft wenigstens für Christa zu retten. Am Abend hörten wir in einem Gasthof im Rundfunk die Meldung, daß der Pariser Botschaftsrat seinen Verletzungen erlegen sei. Wir fuhren in gedrückter Stimmung nach München zurück.

In meiner Wohnung erwarteten mich ein Freund, ein Nichtjude, und ein Bekannter, ein jüdischer Arzt. Der Jude war zu mir geflohen, weil er sich in der eigenen Wohnung nicht mehr sicher fühlte. Der Nichtjude war zu mir gekommen, um mir seine Empörung und, wie er sagte, seine Scham auszudrücken über die nach der Ermordung des Gesandten v. Rath jedes bisher für möglich gehaltene Maß übersteigende Beschimpfung der jüdischen Menschen. Es war eine eigenartige und auch wieder unvergeßliche Situation. Der nichtjüdische bayerische Freund äußerte laut, unbekümmert und drastisch seine Abscheu vor allen Parolen und Methoden des Nationalsozialismus, während der jüdische Arzt, der einst in besseren Tagen sich zur deutsch-nationalen Partei gezählt hatte und jetzt vor dem Überschwang des Nationalismus aus seiner Wohnung geflohen war, nach Worten der Verteidigung für die Idee des Vaterlandes im losbrechenden Sturm des Pöbels suchte. Und während die beiden Meinung gegen Meinung stellten und sich erhitzten, brachte der Rundfunk Ausschnitte aus den Volkskundgebungen »gegen das jüdische Mörderpack«, und aus dem Lautsprecher drangen die Stimmen wie ein Gebell tollwütiger Hunde. Als es an der Tür läutete, erschraken wir alle. Es war aber nur Christa. Sie war bleich und zitterte. Sie war Zeuge des Volkszorns gewesen, von dem der Rundfunk berichtete. Sie meinte, die nach dem Wort der Goebbelschen Propagandisten spontane Erregung sei arrangiert und befohlen. Sie hatte gesehen, wie in unserem Geschäft die Scheiben eingeschlagen wurden. Sie war von der SA beschimpft worden, als sie versucht hatte, die wertvollen Briefmarken aus dem Schaufenster zu retten, und jetzt, berichtete sie, läge alles unter Scherben auf der Straße. So sehr mich diese Nachricht, die mich persönlich am nächsten berühren mußte, entsetzte, so gingen der Schmerz und die Empörung hierüber doch fast unter in dem Staunen über das wirklich Unfaßbare, was ich sonst noch hören mußte: Die große Synagoge der Stadt brannte, Juden wurden auf der Straße niedergeschlagen, ihre Geschäfte in wildem Vandalismus zerstört, die Waren geraubt oder einfach vernichtet. Es war ein Pogrom! Ich habe in Büchern von solchen Ausschreitungen gelesen. Sie ereigneten sich in Polen, in Rußland, irgendwo fern im Osten. Ich hätte es niemals, auch in den letzten Jahren nicht, für möglich gehalten, daß ähnliches in Bayerns Hauptstadt geschehen würde. Die Nacht ist über uns gekommen. Wenn in solcher Stunde das Telefon klingelt, kann man nur eine Hiobsbotschaft erwarten. War es ein Freund oder ein Feind? – mir wurde geraten, aus meiner Wohnung zu fliehen.

Ich habe nicht gemordet, nichts gestohlen, niemanden geschändet, ich bin nicht defraudiert. Doch bin ich ein

Verbrecher auf der Flucht. Und meine Kennzeichen sind jedermann kundgetan: Jagt ihn, er ist ein Jude! In einer Autodroschke flüchtete ich in der Nacht nach Laim. Freunde nahmen mich auf. Frieden schien in ihrem kleinen Haus zu herrschen. Man labte mich, man beruhigte mich, man bereitete mir ein Lager. Doch schon um sieben Uhr früh wurde ich geweckt, und man teilte mir aufgeregt und ängstlich mit, daß SS-Streifen die Wohnungen des Viertels nach Juden durchsuchten. Ich eilte auf die Straße. Ich rannte ziellos dahin. Ein Freiwild für jeden Verfolger. In Toreingängen versteckt, sah ich, wie Polizisten und Parteifunktionäre verhaftete Juden einem unbekannten Schicksal, wohl den gefürchteten Konzentrationslagern, entgegenführten. Als es Tag wurde, wagte ich nicht weiterzugehen. In der Landsbergerstraße hielt ich mich hinter einem alten Gebäude verborgen. Mit unendlicher Vorsicht, wie ein indianerspielender Knabe, schlich ich, längst den Knabenjahren entwachsen, zu einer Telefonzelle, aus der ich Christa bitten konnte, mir zu helfen. Ich war in einer Panik der Furcht. Erst als Christa zu meinem Versteck kam, wurde ich ruhiger. Wir gingen zusammen in Richtung des Bahnhofs. Aber als die Straßen sich belebten, wurde auch die tapfere Christa nervös, und wir hielten es für gut, daß sie mir vorauslief. Es war gefährlich für sie als Nichtjüdin, sich mit mir sehen zu lassen. An einer Straßenecke wartete ich. Christa verhandelte mit einem Taxichauffeur. Nach einigem Zögern war der Chauffeur bereit, uns zu fahren. Ich saß, den Hut in die Stirn gezogen, in einer Ecke des Wagens, was mich in grotesker Weise an einen schlechten Kriminalfilm erinnerte. Wir fuhren zunächst ziellos durch die alte, vertraute, nun so anders gewordene Stadt. Endlich, nach tausend fruchtlosen Überlegungen, fiel uns ein, daß ich ja Pole war und daß dies im Augenblick vielleicht sein Gutes hätte. Das polnische Konsulat mußte ein verhältnismäßig sicherer Aufenthaltsort sein.

Im polnischen Konsulat waren viele Flüchtlinge. Das Prinzip der Souveränität zwang den polnischen Staat, uns als seine Bürger anzuerkennen und uns zu schützen. So mögen bei einem Aufstand in Kolonialgebieten die Weißen in den Schutz der Exterritorialität fliehen. Wir fühlen uns wie in einer belagerten Festung, und nur die Mauern des Gebäudes und die polnische Flagge über der Tür sicherten uns vor der Volkswut. Wütet wirklich das Volk gegen uns? Warum schlugen sie mich nicht vor Jahren tot? Aus welchem Grunde zeigten mir die Bewohner der Stadt ein so freundliches Gesicht? Sind sie wirklich so wütend oder sind sie so verführt, daß man sie nicht wiedererkennen möchte? Christa kommt und versorgt mich mit Lebensmitteln. Die Situation ist für sie sehr gefährlich. Wenn man erfahren würde, wie sie mir hilft, würde man sie in diesen Tagen öffentlich bespeien. Aber Christa berichtet auch von Münchnern, die heimlich versuchen, ihrem jüdischen Nachbarn beizustehen und nachts Brot und das Nötigste vor seine Tür legen.

Ich konnte das Konsulat wieder verlassen, aber ich durfte es nicht wagen, in meine Wohnung zurückzukehren. Ich fand Aufnahme bei einer Kürschnerfamilie gegenüber dem Hofbräuhaus. In einem kleinen, entlegenen Zimmer versteckt, verbrachte ich eine schlaflose Nacht auf einem alten, dort abgestellten Sofa. Unter meinem Zimmer war eine Nachtwirtschaft, in der ein Pianist bis in die frühen Morgenstunden unaufhörlich nur eine Schlagermelodie spielte, die in der steten Wiederholung ihres traurigen Rhythmus mich vollkommen niederdrückte: Regentropfen, die an mein Fenster klopfen. Wie oft bin ich früher nach einem fröhlich verbrachten Abend über den kleinen Platz im Herzen des alten Münchens nach Hause gegangen! Die Torggelstube und die Pfälzer Weinstube, das Hofbräuhaus und das »Platzl« waren auch mir liebgewordene Stätten behaglicher Lebensfreude, und niemand hinderte mich einst, sie zu genießen. Jetzt bin ich »der Jude«, und ein freundlicher Trinkgeselle von damals wirft in brauner Verblendung Steine in meine Fenster.

Ich kann die Wohnung des Kürschners nicht verlassen. Am Tag muß ich mich still verhalten. Im Nebenzimmer arbeiten die Angestellten der Kürschnerei. Sie dürfen nicht ahnen, daß hier ein Jude Zuflucht gefunden hat. Die Kürschnergehilfen könnten mich anzeigen und mich und ihren menschenfreundlichen Meister in das Konzentrationslager bringen. Aber ist das wirklich so? Vielleicht würden auch sie mir helfen. Ich werde mich hüten müssen, im Elend nicht allzu mißtrauisch und ungerecht gegen die Menschen zu werden.

Ich konnte das Versteck des Kürschners verlassen. Die Leidenschaften haben sich ausgetobt. Bei vielen Deutschen – allerdings vorwiegend bei denen, die an den Ereignissen des 9. Novembers sowieso nicht teilhatten – zeigt sich eine deutliche Ablehnung dieser Politik der Brandstiftung und der Plünderung. Es wird im Volk gegen die Regierung geschimpft und böse Witze lachen über die »Reichsscherbenwoche«. Ich kann nicht lachen. Ich fürchte neue Gewaltmaßnahmen. Das unsichtbare Ghetto umschließt die noch scheinbar frei umhergehenden Juden. Ich mußte meine alte Wohnung aufgeben und in ein »jüdisches Zimmer«, also zu einem Juden ziehen. Es ist allen nichtjüdischen Hausbesitzern verboten, Juden zu beherbergen. Mein Laden ist von der Polizei geschlossen worden und weder ich noch Christa dürfen ihn betreten.

Auch dies hat die Zeit mit sich gebracht: ich weiß nicht, ob ich das Weihnachtsfest feiern soll oder nicht; ob ich es feiern darf, oder ob ich es nicht feiern darf; ob es als eine Anbiederung und ein Mangel an Stolz betrachtet werden könnte, wenn ich mir einen Weihnachtsbaum kaufen würde, oder ob es im Gegenteil ein Zeichen meiner inneren Freiheit von aller Propaganda der Rassentrennung wäre, wenn ich es doch täte. Ein frommer Jude würde mir den Lichterbaum als christlich verwehren, und unter den Nationalsozialisten gibt es besonders orthodoxe Eiferer ihrer Lehre, die wiederum Weihnachten als eine jüdische Angelegenheit betrachten, von der sie Deutschland befreien wollen. Ich habe das Fest bisher naiv gefeiert; ich freute mich, schenken zu können und auch selber von lieben Menschen eine Gabe zu empfangen. Ich habe für den Weihnachtsabend eine Einladung von meinem jüdischen Wirt und eine andere in Christas Familie erhalten. Ich möchte aber am liebsten alleine sein. Der getretene Hund verkriecht sich, auch wenn man ihn streicheln will.

Ich bin am Heiligen Abend stundenlang durch die Straßen geirrt. Ich wollte allein sein, ein Ausgestoßener, allein mit meinen traurigen Gedanken. Die Atmosphäre der Festfreude berührte mich heimelig und traurig zugleich. Am Karlsplatz blieb ich vor meinem Geschäft stehen. Die zertrümmerte Schaufensterscheibe ist noch nicht ersetzt. Der Wind spielte mit dem abgerissenen Dekorationspapier der Auslage. Mein Ladennachbar ließ gerade den Rolladen vor seiner Tür herunter; er erkannte mich und sagte – mit seinen Gedanken wohl noch beim Weihnachtsgeschäft: »Es war ein gutes Jahr, Herr Littner, nicht wahr?« Dann schien ihm einzufallen, was das Jahr mir an Gutem gebracht hatte, und er änderte seine joviale, zufriedene Haltung, sah sich ängstlich um und flüsterte rasch und scheu: »Warum wandern Sie nicht aus? Das wird hier ja doch nichts mehr!«

Es ist, als triebe der Wind mich durch die Stadt. Seit Wochen schon! Die innere Unruhe hält mich nicht mehr in meinem Zimmer. Aus der Frauenkirche klingt die Musik zur Neujahrsmesse. Ich gehe hinein und blicke in das Licht. Ich sehe die Frommen knien und beten. Es ist auf einmal etwas wie Trotz und Widerstand in mir gegen ihre Gebete. Ändern diese Gläubigen die Welt? Treten sie auf gegen das Unrecht in der Welt? Vor der alten Weinstube in der Nähe des Domes, die ich oft besucht habe, hängt groß das Schild, die Juden seien hier nun unerwünscht. Ich gehe die enge Gasse weiter zur ausgebrannten Synagoge. Sie ist eine Ruine, aber noch von keiner Romantik verklärt. Man sieht nur die Zerstörung. Sie liegt wie eine Wunde in der Stadt. Soll ich mich gegen die Mauer stellen und hier mein Neujahrsgebet verrichten, wie meine Brüder vor der Klagemauer des zerstörten Tempels in Jerusalem? Meine Gedanken schweifen... Aus meiner bürgerlichen Bahn geworfen, komme ich auf Ideen, die mir gestern noch »orientalisch« erschienen wären, Ideen aus den Heiligen Büchern, aus Tausendundeiner Nacht und alter Vergangenheit. Vielleicht ist Gott aus seinem Dom mit mir zum zerstörten Tempel gegangen. Ich, ein nüchterner Geschäftsmann unseres fortschrittlichen Jahrhunderts, spüre ein Gefühl der Frömmigkeit, des Traumes, einen Hauch der Geisterwelt.

Christa und ich haben endlich die Erlaubnis erhalten, unseren Laden zu betreten, um das Geschäft zu liquidieren. Es ist nun alles ein Abschiednehmen und eine Wendung ins Ungewisse. Ich will auswandern. Ich muß auswandern. Ich habe mich beim amerikanischen Konsulat in Stuttgart um ein Visum nach den Vereinigten Staaten bemüht.
Die deutschen Behörden arbeiten schneller als das amerikanische Konsulat. Ich bekam eine Vorladung auf das Polizeipräsidium. Dort sagte mir ein keineswegs unangenehmer, ein im Gegenteil sehr menschlicher Beamter, der sein persönliches Bedauern nicht unterdrückte: »Herr Littner, ich muß Ihnen eine unangenehme Mitteilung machen. Sie müssen Deutschland für immer verlassen und zwar innerhalb von vierzehn Tagen. Sie können ein Gesuch einreichen, um hier bleiben zu dürfen, aber ich kann Ihnen schon heute sagen, daß es Ihnen nichts nützen wird. Die Gesuche von Juden werden immer abgelehnt.«

Es ist wahrlich nicht leicht, ein Jude zu sein! Deutschland für immer verlassen zu müssen, wäre mir vor kurzem noch als schwere Strafe, als bittere Verbannung erschienen. Die Demütigungen und Gefahren der letzten Zeit haben meinen Sinn geändert: hinausgetrieben zu werden, scheint mir nun ein Glück zu sein und ein Tor in die Freiheit. Aber Deutschland ist nicht nur von innen ein Gefängnis; es ist es auch von außen. Um das Land meiner menschlichen Entwürdigung verlassen zu können, brauche ich ein Land, das mich aufnimmt, brauche ich ein Visum, ein Papier, einen Berechtigungsschein. Immer hängt meine Existenz von einem Stück Papier ab. Ich bemühe mich, die Einreisebewilligung nach Ungarn zu bekommen. Sie wird mir verweigert. Ich versuche mit Hilfe eines in London ansässigen Freundes die Aufenthaltserlaubnis für England zu bekommen. Auch diese Bemühung ist vergebens, obwohl der Freund in London sogar meinen Unterhalt garantieren will. Die Zeitungen im Ausland schreiben viel über das Los der Juden in Deutschland. Aber die ausländischen Staaten schließen ihre Grenzen vor dem Juden, der diesem traurigen Los entfliehen möchte. Endlich gelingt es mir, vom tschechischen Konsul ein auf drei Monate befristetes Visum für Prag zu bekommen.

Am 1. März 1939 habe ich München verlassen. Ich habe für immer von einer Stadt Abschied genommen, in der ich Jahrzehnte gelebt und gearbeitet habe, in der es mir gut und schlecht gegangen ist, wie das Leben es mit sich bringt, und in der ich einmal friedlich zu sterben hoffte. Der nationalsozialistische Staat erlaubte mir in seiner Großmut, zehn Mark und einen Koffer mit Kleidern und Wäsche mit auf die Reise zu nehmen –, eine Reise ins Ungewisse, ins Abenteuer. Mir ist aber nicht abenteuerlich, mir ist wehmütig zumut. Trotz allem, was mir die Stadt an Erniedrigung und Bedrohung gebracht hat, ist das Gehen eine schmerzliche Trennung, fällt mir der Abschied von den schöneren Jahren der Vergangenheit schwer, und ist mancher liebe Mensch zurückzulassen. Ich will niemals vergessen, daß viele entgegen aller Diskriminierung zu mir gehalten und sich damit gegen den alles verschlingenden Anspruch des totalitären Staates gestellt haben. Sie haben der Parole zur Unmenschlichkeit widerstanden. Freilich ist es ein passiver Widerstand, den sie leisten. Es will mir scheinen, als ob eine kleine Elite der Gewaltlosen einer an Zahl vielleicht ebenso kleinen Auswahl der wirklich Gewalttätigen gegenüberstehe. Diese werden aber in ihrer Robustheit die Masse hinter sich haben, und die Position der anderen ist hoffnungslos. Dennoch: es heißt, daß die Gewalt nicht siegen werde und daß der Herr mit den Verfolgten sei und nicht mit den Verfolgern.

Obwohl meine Papiere, die Judenpapiere, die Ausweisungspapiere durchaus in Ordnung waren – aber können solche Papiere jemals in Ordnung sein? – wurde ich an der Grenze von der SS angehalten. Ich empfand wieder bitter und menschenunwürdig die Wehrlosigkeit, mit der man jeder brutalen oder auch nur bürokratischen Laune des subalternen Trägers einer Amtsgewalt ausgeliefert ist. Ich habe meine Reise als Verbannter angetreten, und leicht hätte es geschehen können, daß ich sie als Gefangener mit einem Transport in das Konzentrationslager beendet hätte. So sah ich das Land jenseits der Grenze in großer Freiheit liegen. Aber nach Stunden bangen Harrens und demütiger Erduldung mancher Schikane durfte ich die Tschechoslowakei betreten. Ich war frei – mit zehn Mark in der Tasche.

In Prag steht Jakob Littner ratlos und wie verloren auf dem Bahnhof. Prag soll eine schöne, eine sehenswerte, eine alte Stadt sein. Man hätte einmal hinfahren müssen! In friedlichen Zeiten! Im Augenblick seiner Ankunft scheint ihm die schöne Stadt nur unheimlich zu sein, wie ein dichter, unbekannter Wald, vor dem man steht und in dem man die Wege nicht kennt. Er wechselt an einem Bankschalter der Bahnhofshalle sein Geld, und flüchtig mit einer leichten Geste der Mißachtung tauscht der Wechsler den deutschen Schein gegen tschechische Kronen. Ein Abenteuer beschwingt. Der Abenteurer ist immer geneigt, alles auf eine Karte zu setzen. Littner läßt sich für sein Geld von einem Taxi in ein Hotel fahren. Er nimmt sich ein Zimmer und richtet sich ein. Er ist nicht ganz verloren. Ein wenig konnte er die SS überlisten. Er muß lächeln, wenn er bedenkt, daß es Fachkenntnisse waren, die ihm diese List gestatteten. Er hat in seinem Koffer ein paar alte Briefe mitgenommen. Sie fielen niemandem auf. Sie waren aber philatelistisch frankiert, und jetzt kann er sie verkaufen. Littner hofft, sich in Prag niederlassen zu können. Er trifft Menschen, die ihm herzlich begegnen. Aber Prag ist voll Unruhe und Angst. Im Norden erhebt sich das Reich wie ein großes Gewitter über den tschechoslowakischen Staat. Littner bemüht sich um ein Visum nach Portugal und ein Durchreisevisum für Frankreich. Aber schon ist es zu spät.

Die Stimmung in Prag ist gedrückt. Menschen, an die ich mich um Hilfe wende, um hierbleiben zu können, erwägen ihre eigene Abreise. Viele betrachten mich als einen Narren, daß ich gerade zu ihnen geflohen sei. Sie können sich noch nicht vorstellen, wie wenig ich das Land meiner Zukunft wählen durfte. Am 14. März häufen sich die Gerüchte und die Stadt scheint vor einer Panik zu stehen. Jedermann erwartet ein Eindringen Hitlers. In meinem Hotel geht am Abend niemand mehr zu Bett. Um fünf Uhr früh ist es soweit – die Deutschen sind in Prag.

Wir gingen zum Wenzelplatz. Er war schwarz von Menschen, Volksdeutschen, die Hakenkreuzfähnchen schwangen und mit ungeheurem Jubel die deutschen Truppen begrüßten. Mir fielen weißbestrumpfte Zivilisten von gewalttätigem Wesen auf, und man sagte mir, daß ihre weißen Strümpfe schon seit langem die geheimen, aber jedermann bekannten Abzeichen der volksdeutschen Nationalsozialisten seien. In den Seitenstraßen des großen Platzes stehen die Tschechen wie unbeschert gebliebene Kinder. Marschtritte und Heilrufe hört man von dort, und manch mühsam unterdrücktes Schluchzen hier. Es ist wieder einmal ein großer Tag, ein historischer Tag! Aber da ich nicht zu den Siegern gehöre und von keinem Sieg verblendet bin, möchte ich wie der Pharisäer im Tempel sprechen: »Ich danke Dir, Herr, daß ich nicht bin, wie sie sind!« Der tschechoslowakische Staat bricht zusammen. Die Folgen übersieht wohl noch niemand.

Deutschland hat das Abkommen von München gebrochen und die Signatarmächte herausgefordert. Vielleicht marschiert Deutschland heute mit einem ersten großen Schritt einem noch unbekannten Verhängnis entgegen. Wer Wind säet, soll Sturm ernten! Als ich in mein Hotel zurückkehre, ist es beschlagnahmt. Die neuen Herren in brauner Uniform befehlen. Die Zimmer müssen bis drei Uhr geräumt sein. Ich packe meinen Koffer und gehe zum Bahnhof. Wohin sollte ich auch gehen, ich, ein Flüchtling, wohin als zum Bahnhof und wieder zum Bahnhof und neuen Bahnhöfen zu – Ahasver!

Der Zug nach Mährisch-Ostrau war überfüllt, und überfüllt blieb er im Bahnhof stehen. Man erzählte sich, der Zug würde nach Polen weiterfahren, und da er nach Polen weiterfahren sollte, war er so überfüllt. Ob er wirklich nach Polen kommen würde, wußte niemand. Die Passagiere hofften es. Die Passagiere waren Juden, die vom Dritten Reich genug gelesen und gehört hatten um es zu fliehen, als es zu ihnen gekommen war. Sie hatten eine wahnsinnige Hoffnung auf Polen gesetzt. Zunächst schien es aber, als blieben wir mit unserem Zug für alle Zeiten im Prager Bahnhof stehen. Der Bahnhof war von deutschem Militär besetzt. Auf allen Geleisen standen Posten. Endlich, die Dämmerung fiel schon, fuhr der Zug ab. Die deutschen Posten kümmerten sich nicht um uns. Sie standen unbeweglich, den Stahlhelm auf dem Kopf, das Gewehr in der Hand. Sie schienen auf etwas zu warten, aber man wußte nicht, auf was. Vielleicht warteten sie auf den Heldentod. Aber Prag war eine unblutige Eroberung.

In der Nacht passierten wir die polnische Grenze. Viele unserer Juden beteten laut. Sie dankten Gott für ihre Rettung. Sie stimmten Psalmen an. Aber – ist Polen Kanaan?

Polen ist nicht Kanaan. Es ist nach des Geschickes Mächten mein Paßland, mein Heimatland, mein nie gesehenes, und das erschwert mir den Aufenthalt beträchtlich. Schon den ersten Polizisten im kleinen, billigen Hotel, das am Morgen einer Kontrolle unterzogen wurde, verstimmte ich, als ich sein Polnisch nicht verstand, und er, auf meinen polnischen Paß deutend, mir mein Deutsch übelnahm. Ich kann leider nicht polnisch. Der Polizist war ein Nationalist, – er behandelte mich schlecht. Solche Erlebnisse könnten mir meinen Menschheitsglauben nehmen und mich an Hitlers Rassenwahn glauben lassen. Für den rassenstaatlosen Juden gäbe es dann nur ein Ziel und eine Rettung: den zionistischen Staat. Ich dachte einmal, wir hätten diese Entwicklung hinter uns, und über einen neuen, nun jüdischen Nationalismus nach Kanaan zu kommen, schien mir ein Rückschritt, weil unter guten Menschen die ganze Erde das Gelobte Land sein könnte. Die Guten sterben aus. Das Gelobte Land ist fern. Es ist ein dunkles Jahrhundert.

Der Zufall, das Schicksal, das Glück, das Unglück, was weiß ich, ich bin herumgetrieben, irgend etwas führte mich nach Bielitz, in eine Stadt, in der sehr viele Juden wohnen, die deutsch sprechen. Die Juden, die auch von den deutschen Juden mißachteten Ostjuden, werden in Polen allgemein zum deutschen Element gezählt und sind oder waren – heute möchte man meinen, groteskerweise – in der Literatur, in der Musik und auf dem Theater die verläßlichsten Stützen der deutschen Kultur.
Am Freitag Abend ging ich in die große Synagoge. Sie war gedrängt voll Menschen. Die Feierlichkeit und Innigkeit der Andacht, der feste Glaube der Beter, erschütterten mich. Das äußere Bild eines großen jüdischen Gottesdienstes war mir fremd geworden. Auch findet man unter den westeuropäischen Juden nicht mehr diese Verlorenheit an Gott, diese Hingabe an den Glauben der Väter, die Verzückung im Ritual des Gebetes. Zum ersten Mal seit meiner Vertreibung aus dem deutschen Bürgertum hatte ich ein Heimatgefühl. Vielleicht ist meine Reise, meine Erniedrigung, meine Auslieferung an den Zufall oder das Schicksal eine Heimkehr zum wirklichen Judentum?

Der Sommer vergeht, ein heißer, schöner Sommer, ein Sommer in einem fremden Land. Die Bäume blühen, und die Bäume tragen Frucht, und es sind fremde Bäume, fremde Blüten, fremde Früchte. Die aus Deutschland nach Polen geflohenen Juden werden die »Bei uns« genannt. »Bei uns« – das ist besser, das ist

schneller, das ist sauberer, das ist Ordnung, »bei uns« funktioniert's, »bei uns« klappt's, »bei uns«, das ist die Sehnsucht nach Deutschland, ja nach Preußen, das ist Breslau, Berlin und München und eine leichte Überheblichkeit, und die Eigenschaft, unbeliebt zu sein. Auch ich träume von München und Münchener Behaglichkeit, bis ich in den Zeitungen von neuen Akten der Barbarei aus diesem Lande »Bei uns« lese.
Ich habe Bielitz verlassen und bin nach Krakau gezogen. Krakau ist eine schöne Stadt mit vielen mittelalterlichen Bauten, die mich an einen Besuch in Nürnberg erinnern; – es war vor der Zeit der Parteitage. Ich habe in Krakau meinen Sohn Zoltan getroffen. Er hatte in jugendlicher Auflehnung gegen den Faschismus München schon vor mir verlassen und ist jetzt – Pole, wie ich, durch den Vertrag von Trianon, der zu einer Zeit geschlossen wurde, als er noch gar nicht auf dieser schönen Welt der Nationalstaaten war – in Polen zum Militär eingezogen worden. Ich sehe ihn in seiner Uniform, einen gutaussehenden jungen Mann, und vor einem Jahr hätte ich vielleicht noch mit Stolz gesagt: »Er ist ein schneidiger Soldat«. Inzwischen sind mir durch Menschen in Uniformen soviel Leid und Demütigungen zugefügt worden, daß ich meinen Sohn im Soldatenkleid, auch wenn ich bedenke, daß er gegen die böse Macht aufgestellt ist, die mich mit ihrem Haß verfolgt, nur mit Trauer betrachten kann.
Ich versuche, mich in der Fremde einzurichten. Ich habe bei Frau Janina ein Zimmer und so etwas wie eine neue Heimat gefunden. Ich knüpfe Verbindungen

an und hoffe, vielleicht in Krakau mein Geschäft wieder eröffnen zu können. Aber Deutschland rührt sich, von Deutschland breitet sich ein Schatten wie von einem gepanzerten Riesen über die angrenzenden Länder. Die Tschechei fiel. Wird Polen folgen? Die Stimmung ist hier auf Krieg gestellt. In unserem Hause fand schon eine Luftschutzübung statt. Frau Janina wurde zum Luftschutzwart ernannt. Sie bekam eine Trompete und eine große Glocke, um Alarm schlagen zu können. Wir haben sehr gelacht. Mein Sohn mußte zu einem Feldregiment einrücken. Nachdem wir uns umarmt hatten, stieg er in den letzten Wagen des Zuges und winkte mir zu durch die schmutzige Scheibe eines Fensters, das sich nicht öffnen ließ. Auch er schien mir auf einmal ein Gefangener seines Schicksals zu sein. Wehmütig war mir ums Herz, als ich ihn scheiden sah.

Am 1. September begann der Krieg, der langerwartete Krieg, der Krieg, der kommen mußte, der schreckliche Krieg, der verflucht und gesegnet sei! Wird es ein Krieg Hitlers gegen die Welt oder ein Krieg der Welt gegen Hitler sein? Früh um fünf Uhr weckte uns Sirenengeheul. Das war der Ernst. Wir werden kaum mehr lachen. Frau Janina kam gar nicht dazu, ihre Trompete und ihre Glocke zu benutzen. Stundenlang saßen wir im Luftschutzkeller. Man hockt zwischen den Kellerwänden, in denen man sich geborgen glauben möchte, und lauscht auf den Krieg draußen, auf das Surren der Flugzeuge, das Geballer der Abwehrgeschütze, und endlich, man wartete darauf, auf ein Krachen, Bersten, Splittern, das man einer abgeworfenen Bombe zuschreibt. Wären wir Soldaten, hätte man das Erlebnis wohl unsere Feuertaufe genannt. Wir waren aber Zivilisten und wußten nicht recht, wie wir Mut und Angst, die miteinander wechselten, im rechten Gleichgewicht halten sollten.

Ich war auf der Straße und sah den Krieg. Ich sah Brände und Zerstörung. Ich sah den Bahnhof in Flammen stehen. Es erschreckte mich am meisten, daß mich der Anblick nicht mehr entsetzte. Ich habe seit langem an einen Krieg als an die Möglichkeit des Furchtbaren gedacht. Ich bin einerseits in einem Zustand der Benommenheit, andererseits sehe ich das Schreckliche sich in erwarteter Weise ereignen. Ich bin nicht überrascht, und ich wundere mich, daß andere Leute die Hände ringen. Was haben sie sich gedacht? Paraden, Fahnen, Militärmusik? Krieg ist in unserem Jahrhundert nur Elend und Tod.

Es sind Obdachlose in unsere Wohnung gekommen und auch in mein Zimmer. Ich kann noch immer nicht richtig polnisch reden, und wenn ich mich mitteilen will, muß ich deutsch sprechen. Der Luftangriff hat aber nicht nur Brände, er hat auch den Deutschenhaß entfacht. Ich werde beschimpft, weil man mich jetzt für einen Deutschen hält. Die Nationalitäten sind wie Hetzhunde gegeneinander gestellt. Wer nicht hassen, wer nur leben will, muß immer mehr das Gefühl haben, in einer Welt von Wahnsinnigen zu sein. Ich muß schweigen. Ich dürfte im Augenblick meine Gedanken weder auf deutsch, noch auf polnisch äußern. Ich darf mich nicht verdächtig machen. Frau Janina muß immer wieder erklären, wer ich bin: Ein Flüchtling vor Hitler! Es herrscht eine weitverbreitete Spionenfurcht, und es wäre allzu grotesk, wenn ich am Ende als Naziagent an die Wand gestellt würde.

Die polnische Front scheint zusammenzubrechen. Die wildesten Gerüchte jagen einander. Alle Augenblicke kommt jemand und berichtet, die deutschen Panzer seien schon in der Vorstadt. Eine unbeschreibliche Panik jagt das Volk. Ein schier endloser Flüchtlingsstrom wandert durch die Stadt nach Osten.

Auch Janina und ich besprechen unsere Flucht. Es sind erst vier Tage Krieg, und wie viele sind schon unglücklich geworden! Ich denke an Christa in München. Sie hatte mich nicht vergessen. Ihre Briefe berichteten mir aus der Welt meines vergangenen Lebens. Jetzt ist auch diese letzte Verbindung gerissen.

Wir fahren, dreiundzwanzig Personen, dreiundzwanzig Flüchtlinge, auf einem Lastwagen aus Krakau. Wir lassen eine brennende Stadt hinter uns. Das Tabaklager einer großen Zigarettenfabrik leuchtete am Wege wie eine helle Fackel. Die Ereignisse befreien die Unterwelt. Es wird geplündert. Erschreckende, nie vorher gesehene Gestalten glauben ihre Stunde gekommen und tanzen vor der geöffneten Pforte der Hölle. Die Straßen sind verstopft. Flüchtlingszüge und Militärkolonnen verfilzen ineinander. Es ist das Chaos! Es ist der Zusammenbruch! Deutsche Flugzeuge kreisen in niedriger Höhe über dem Elend. Warum noch weiter fliehen? Wäre ich allein, ich glaube, ich bliebe einfach hier am Wege stehen. Ich bin auf einmal so müde, Frau Janina ist es, die mich antreibt: Weiter, weiter, weiter!

Gegen Abend kamen wir in ein Dorf. Der Wagen wurde unter Bäumen gegen Fliegersicht versteckt. Wir gingen in ein Bauernhaus. In einer geräumigen Stube stand ein großer länglicher Tisch mit vielen Heiligenfiguren und brennenden Kirchenlichtern. Es wurde rings um den Tisch Stroh aufgeschichtet, und wir Flüchtlinge schliefen gemeinsam mit den frommen Landleuten im Schutze der Heiligen. Unser Wirt war ein Bauer aus der alten Welt, er fragte nicht, wem seine Madonnen Schutz gewähren sollten.

Es war eine ruhige Nacht. Wir erwachten erquickt. Am Morgen gab es Milch und Brot. Dann begaben wir uns zu unserem Wagen. Aber die Straße war nun von Flüchtlingen und zurückflutendem Militär so verstopft, daß es unmöglich schien, mit dem Wagen voranzukommen. Ein anstrengender Fußmarsch begann. Es war ein Elendsweg. Wir gingen inmitten der Geflohenen und der Geschlagenen. Schließlich gelangten wir an eine große Brücke, die über die Weichsel führte. Die vor der Brücke liegende Ortschaft hieß Szczucin. Hier vor der Brücke staute sich nun alles auf's Neue. Als wir endlich nach einer scharfen Kontrolle durch die polnische Militärpolizei das andere Ufer erreicht hatten, erschienen am Horizont deutsche Bombenflugzeuge. »Die Brücke, die Brücke«, schrien die Menschen, und jeder strebte von diesem offenbaren Ziel der Flugzeuge fort. Als ich mich in der Flucht umwandte, sah ich, wie sich die Bomben von den Flugzeugen lösten. Wir warfen uns in den Acker und krallten uns in seine Furchen ein. Die Brücke flog in die Luft, und die Welle der Explosion glitt wie das unheimliche Streicheln des Todes über unsere Rükken. Ist es des Menschen Los in dieser Zeit, sich voll Angst in die Erde zu wühlen, eine Maus zu sein, die sich vor dem eisernen Geier verkriecht, den sie sich selbst zur Plage geschaffen hat? Was ist aus dem Traum des Ikarus geworden? »Wohin wird uns der Weg führen«, fragte ich mich, und ich war schon müde dieses ewigen Wettlaufs um Freiheit und Leben.

Wir erreichten Lemberg, und Lemberg glich einem aufgestörten Ameisenhaufen. Die Bewohner rannten anscheinend ziellos durch die Straßen. Deutsche Flugzeuge waren andauernd über der Stadt. Von Zeit zu Zeit gingen die Sirenen, aber niemand wußte mehr, ob sie Gefahr oder Entwarnung bedeuteten. Hier und da brannte ein Haus. Tote lagen am Weg und niemand kümmerte sich um sie. Ein junges Mädchen sah aus, als ob es schliefe; nur durch ihr Haar sickerte ein dünner Streifen Blut. Die Türen zu einer Kapelle standen offen, brennende Kerzen vor dem Bild einer Muttergottes flackerten im Wind. Frauen mit Kopftüchern und Frauen in eleganten, vielleicht Pariser, Kleidern knieten im Gebet. Mein Eindruck von Lemberg war zu dieser Stunde der einer sehr östlichen Stadt. Aber die Ergebenheit in den Tod, die Mißachtung des einzelnen Menschenlebens wird in diesem Krieg nicht nur östlich, sondern allgemein sein.

Wir konnten wieder mit einem Lastwagen fahren. Wir passierten Tarnopol und fanden alles in gleichem Wirrwarr wie in Lemberg. Unausgeschlafen und durchgerüttelt erreichten wir am Morgen Zaleszczyki am Dnjestr, einen Ort an der polnisch-rumänischen Grenze.

Über den schmalen Fluß führt eine Brücke nach Rumänien. Zaleszczyki ist eine bekannte Sommerfrische, und dem Besucher bietet sich ein friedlicher Anblick. Der Krieg und seine Schrecken haben diesen Ort noch nicht erreicht. Nach der Wirrnis der heimgesuchten Städte finden wir die Straßen hier vereinsamt. Wir sind bisher die einzigen Flüchtlinge und genießen das Ansehen interessanter Reisender. Janina und ich finden bald eine Wohnung und in einem Restaurant ein ausgezeichnetes und billiges Essen. Nachher sehen wir auf dem Markt Berge von riesengroßen Melonen, die das Stück für wenige Pfennige zu kaufen sind. Ich habe das merkwürdige Gefühl, zum letzten Mal ein Bild vom Reichtum der Welt zu sehen.

Auch dieses Paradies ist zerstört. Der große Flüchtlingsstrom hat Zaleszczyki erreicht. Die Melonen sind vom Markt verschwunden. Die Preise steigen. Vor der Brücke ins neutrale Land stauen sich die Menschen. Die Grenze ist gesperrt. Nur wenigen Auserwählten gelingt es, mit einem Visum aus dem Krieg zu fliehen. In der Menge sieht man viele Geistliche.

In der Frühe des 16. September weckte uns Motorengeräusch. Zuerst fürchteten wir einen deutschen Luftangriff auf die polnische Grenzstadt. Es waren aber weiß-rote polnische Flugzeuge, die den ganzen Tag in ununterbrochener Folge über die Grenze nach Rumänien flogen. Welle auf Welle flüchtete hinüber. Es war das Ende! Es war die polnische Kapitulation.

Gegen Mittag wurden die Grenzen nach Rumänien geöffnet, und alles strömte nun über die Brücke. Ich stand am Ufer des Dnjestr. Ich sah das Chaos der Flüchtlinge auf der Brücke; ich sah am anderen Ufer das von der Kriegsfurie noch verschonte Land. Ich bin nicht erst seit heute entwurzelt. Für mich war es die Frage, ob ich weiterwandern, ob ich mich in den Strudel der erst jetzt aus der Heimat Vertriebenen stürzen und es auf meiner Flucht vor Hitler, der mir immer wieder nachgeeilt ist, mit Rumänien probieren sollte. In Polen hielt mich nichts und in Rumänien erwartete mich nichts. Nur, ich hatte in Polen einen Menschen kennengelernt, und auf Reisen bedeutet ein Gefährte viel. Frau Janina wollte in Polen bleiben. Und als ich hörte, daß nicht die Deutschen, sondern die Russen diesen Teil des Landes besetzen würden, blieb auch ich. Ich bin es allmählich gewohnt, die Zukunft vor mir als eine Terra incognita zu betrachten.

Die Russen haben Zaleszczyki besetzt. Die Grenze nach Rumänien ist wieder geschlossen. Sind wir nun frei oder gefangen? Die Russen wurden überall freudig empfangen.

Ich bin nach Lemberg – auch diese Stadt steht unter russischer Besatzung – zurückgekehrt. Man sieht hier viele Vertriebene und Flüchtlinge aus den von den Deutschen eingenommenen Gebieten. Es herrscht große Wohnungsnot. Ich mußte froh sein, in einer Familie das Bett des früheren Dienstmädchens in der Küche zu erhalten. Aber man versucht sich einzurichten. Die Zähigkeit des Menschen ist ungeheuer! Ich denke daran, hier wieder ein Geschäft aufzubauen. In anderen, von Pessimismus genährten Minuten läßt ein so ernstes Vorhaben mich lachen.

Die Russen führen in Lemberg eine strenge Kontrolle ein. Wir müssen uns oft auf der Polizei melden. Es werden zweierlei Pässe ausgegeben; solche, mit denen man in Lemberg bleiben kann, und andere mit einem sogenannten § 11 für politisch Unzuverlässige. Trotz mancher Bemühung ist es mir bisher nicht gelungen, einen guten Paß zu bekommen. Ich habe stunden-, ja tagelang vor dem Polizeibüro gestanden, ohne überhaupt einen der Beamten sprechen zu können. Das Prinzip einer unpersönlichen Menschenverwaltung setzt sich in unserer Zeit überall durch. Auch hier ist der kleine Staatsangestellte, der Aktenbewahrer und Stempelverwalter, der Gott über tausend Schicksale. Es heißt, daß nur diejenigen in Lemberg bleiben dürfen, die schon vor dem Einmarsch der Russen hier gewohnt haben. Die natürliche, ich möchte sagen, die menschliche Folge einer solchen bürokratischen Maßnahme ist ein blühender Handel mit gefälschten Meldezetteln. Auch ich habe mir welche verschafft. Aber ich wage nicht, sie vorzuzeigen. Ich habe keine moralische Hemmung, von der Not getrieben, mit Pfiffigkeit durch die Maschen eines rigorosen Gesetzes zu schlüpfen, – aber ich habe Angst. Ich habe schon zu viel böse Erfahrung im Umgang mit der Staatsmacht gesammelt.

Es ist bitterkalt und die Straßen und Wege sind tief verschneit. Immer mehr Menschen werden ins Innere Rußlands verschickt. Da wir keine guten Pässe haben, müssen Janina und ich sehr vorsichtig sein. Wir schliefen oft in fremden Wohnungen, und einmal verbrachte ich eine Nacht zwischen den beiden Flügeln einer Doppeltür. Ich werde jetzt nicht als Jude verfolgt, aber ich falle unter »Maßnahmen« und bin wieder ein gehetzter Mensch.

Das Versteckspielen half uns nichts, und unser Schicksal ereilte uns. Wir bekamen den Paß mit dem § 11 und mußten Lemberg verlassen und uns mindestens hundert Kilometer hinter die Demarkationslinien begeben. Wir gingen auf die Wanderschaft – mitten im tiefen Winter. Manchmal hatten wir das Glück, mit der Eisenbahn mitzukommen, öfter gingen wir zu Fuß. Wir wanderten von Ort zu Ort, um eine Wohnung zu finden. Aber keine Ortsbehörde wollte unsere Anmeldung entgegennehmen; alle hatten sie, kleine Bürokraten, Angst, durch uns mit höheren, ihnen vorgesetzten Bürokraten, Ungelegenheiten zu bekommen. Unser Fall war unklar. Es war unser Unglück, daß wir nicht nach dem Schema in die Akten einzutragen waren. Hitler hatte mich verjagt, weil ich Jude war. Die Russen wieder waren geneigt, den Juden für einen Deutschen zu halten.

Ich kam krank nach Zbaraz, eine Gemeinde im Bezirk Tarnopol. Ich war am Ende! Ich konnte nicht mehr. Meine Füße hatten sich entzündet. Eine Blutvergiftung drohte. Und da geschah das Wunder! Der Ort nahm uns auf. Man tat sogar noch ein übriges für mich – man legte mich in das Krankenhaus. Ein polnisch-jüdischer Arzt operierte mich, und russische Krankenschwestern pflegten mich in aufopfernder Weise. Obwohl sie hohe, männliche Schaftstiefel trugen, gingen sie merkwürdig leise durch die Krankensäle und glichen mit ihren schneeweißen Mänteln seltsamen, stillen Wintervögeln aus der großen Weite des Ostens.

Ich bin aus dem Krankenhaus entlassen. Ich sehe, daß Zbaraz eine nette kleine Stadt mit einer Kirche, einem Kloster, einer Synagoge und einer mittelalterlichen Schloßruine ist. Ich höre, daß Hitler die Welt erobert, daß er in Norwegen, in Holland, in Belgien und Paris ist. Aus den Lautsprechern dringen die Stimmen von diesen Ereignissen, und die Ereignisse erscheinen hier seltsam fern. Ich bin dem Sturmzentrum entrückt. Hitler ist mir diesmal nicht nachgeeilt. Darf ich Atem schöpfen? Darf ich Fuß fassen? Darf ich Wurzel schlagen? Der Ort ist friedlich; aber die Welt bleibt unheimlich.

Wir versuchten uns friedlich einzurichten. Wir fanden unser Brot, Janina und ich. Zbaraz zeigte sich freundlich. Zuweilen störten Fanfarenstöße aus der Wohnung des Nachbars den Frieden: der deutsche Rundfunk schickte seine Sondermeldungen von versenkten Bruttoregistertonnen in die Welt. Hitler fuhr gegen England. Hitler flog gegen England. Hitler kam nicht

in England an. Aus den russischen Zeitungen wurden mir Berichte vom »Blitz« gegen London übersetzt. Der Dämon war beschäftigt und holte sich seine blutigen Triumphe in den Gewässern und in der Luft Westeuropas. Doch auch auf deutsche Städte fielen Bomben. Von Christa erreichten uns wieder Briefe. Aus Angst vor der Zensur drückten sie sich gewunden aus, aber sie waren voll versteckter Sorge. Die Kriegsflamme, ruchlos entzündet, brannte. Niemand schien sie löschen zu können. Es war vorauszusehen, daß das Unheil auch wieder zu uns seinen Weg finden würde. Bis zum 22. Juni wuchs ständig die Furcht. Dann war es soweit und fast eine Erlösung von der Ungewißheit: Hitler überschritt die russische Grenze. Er geht den Weg Napoleons und wird sein Ende finden. Aber für uns wird es ein Leidensweg sein.
Die russische Mobilisierung schreitet rasch voran. Alle wehrfähigen Männer werden eingezogen und, wohl zur Ausbildung, nach Osten transportiert.

Die Deutschen sind im Vordringen. Schon erreichen die ersten Flüchtlinge unseren Ort. Ich sehe wieder das vertraute, aus Polen bekannte traurige Bild: verstörte, ihrer Heimat beraubte Menschen auf unseliger Wanderschaft. Und für uns erhebt sich von neuem die Frage, ob wir uns der Flucht anschließen oder ob wir hier bleiben sollen. Janina und ich beraten uns eine ganze Nacht hindurch. Wir müssen einsehen, daß wir den Strapazen einer neuen Wanderung einfach nicht gewachsen wären. So bleiben wir; obschon man von der nahegelegenen Stadt Brody den Donner der Geschütze bedrohlich hört.

Die Kriegshölle ist wieder um uns und über uns, und unsere Nerven leiden. Flugzeuge kreisen über der Stadt. Die ersten Bomben sind gefallen. Wir versuchen nun doch in letzter Minute ein Fuhrwerk zu bekommen. Aber es gelingt nicht. Durchreisende hungernde Flüchtlinge belagern die Läden: Es gibt kein Brot.

Das Artilleriefeuer ist heftiger geworden und näher gerückt. Die Stadt ist wie ausgestorben. Wir haben uns in das Unvermeidliche gefügt und sind, wie die anderen wenigen Hiergebliebenen, in den Keller des Hauses gezogen, um den Krieg über uns dahingehen zu lassen.
Eine Explosion nach der anderen erschüttert die Erde. Die Einschläge sind nah. Es ist wahrscheinlich, daß wir sterben müssen. Wir werden zerrissen werden in einem Kampf, an dem wir nicht teilhaben. Die Welt ist in Brand gesetzt, und wir sind die Opfer, da es unsere Welt ist. Es ist kein milder Tod. Was habe ich versäumt in meinem Leben, was hätte ich tun können, tun müssen, um dem Schrecklichen zu begegnen und es zu hindern? Ich war ein Geschäftsmann in München. Ich lebte still und ehrlich. Ich kümmerte mich um nichts. Das war nicht genug! Vielleicht hatte ich einen Auftrag. Die Zukunft war uns allen in die Hand gegeben, und wir haben sie aus der Hand fallen lassen. Jeder

Mensch in Europa leidet unter den schrecklichen Ereignissen, die man blasphemisch »große Geschichte« nennt. Ich sehe die Geschichte verkörpert in der Gestalt eines ungeheuren Blutsäufers mit Hitlerschen Zügen. Ich gehe verzweifelt aus meinem Kellerloch und erblicke in der Ferne starke schwarze Rauchwolken, später ein Flammenmeer. Nach einer kurzen Pause setzen die Detonationen wieder ein. Das Trommelfell dröhnt.

Das Artilleriefeuer ist über uns hinweggegangen und weiter nach Osten gerückt. Wir sind im Zimmer geblieben. Wir stehen am Fenster und blicken in die Hauptstraße. Mir zur Seite ist Janina und eine andere Frau. Ihre Hände sind in Angst verkrampft. Eine unerträgliche Spannung liegt in der menschenleeren Straße. Wir alle fühlen es: Jetzt müssen sie kommen. Und so ist es! Der erste graue Panzerwagen schwenkt in die Straße ein. Eine Hakenkreuzfahne bedeckt ihn, wohl als Kennzeichen für die eigenen Flieger. Plötzlich ertönen Schüsse und ein Gefecht ist im Gange. Ich sehe das Mündungsfeuer aus den Kanonen des Panzers aufblitzen und zerre die Frauen vom Fenster zurück. Wir eilen wieder in den Keller. Oben ist die Hölle los. Der graue Panzer war ihr erster Bote.

Wir sind erobert. Zur Nacht regnet es. Die Straße war voll von Panzern und anderen Fahrzeugen. Zwischen ihnen irrte eine zurückgelassene Greisin in offenbarem Wahnsinn umher. Das Bild wurde von brennenden Häusern beleuchtet.

Vor unserer Tür entwickelt sich ein Biwak. Deutsche Soldaten gehen aus und ein. Sie benehmen sich sehr menschlich und anständig und scheinen sich zu freuen, mit uns deutsch sprechen zu können. Sie haben das städtische Eierlager für sich requiriert, und wir müssen ihnen auf unserem Herd, wie an Fords laufendem Band, die Eier braten. Auch wir und andere Juden, die sich eingefunden haben, werden zum Mitessen aufgefordert. In der Truppe sind Österreicher und Bayern. Sie wollen vorm Sterben eine ordentliche »Brotzeit« halten und handeln, für eine Stunde vom militärischen Kommando befreit, nach dem Münchener Spruch »Leben und leben lassen«. Aus der nahe gelegenen Brauerei werden einige Fässer Bier geholt, und ich mache vor unserem Hause den Kellner. Bald muß ich mittrinken, bayerischen Dialekt reden und kann mich in Zbaraz wie im Hofbräuhaus fühlen.

Die Soldaten sind weitergezogen. Wir haben eine Nacht ohne Besatzung verbracht und ohne Regierung. Wir leben in einem Vakuum der Macht. Wir leben für eine kurze Spanne in großer Freiheit, losgetrennt von allem, außerhalb der Zivilisation. Es ist eine stille Nacht. Für mich ist es eine schlaflose Nacht. Die Gedanken und die Sorgen bedrängen mich. Ich denke über meine Existenz nach, über mein kleines Ich in dieser Zeit. Die Begegnung mit den deutschen Soldaten aus Bayern hat für einen Augenblick sentimentale Heimatsgefühle in mir erweckt. Ich sah den einzelnen Menschen aus einem Land, in dem ich einmal gerne gelebt habe; ich sah nicht den Soldaten, und ich vergaß schon ganz das Prinzip, dem er heute dient. Ein paar bayerische Urlaute genügten, um mich weich zu stimmen. Erst der Satz »nach uns kommt die SS« führte mich aus einem Traum wieder zu den grausamen Tatsachen zurück. Die Soldaten distanzierten sich von der nationalsozialistischen Formation, die nach ihnen kommen sollte. »Do werd's es schlecht hom«, meinte einer. Ich glaube es.

Im Morgengrauen neues Gerumpel des Heerbanns! Die Soldaten mit den schwarzen Totenvogelzeichen auf ihren Wagen und ihren Uniformen sind da! Die SS! Ein dumpfer Druck legt sich mir auf die Seele, ein lähmendes Gefühl schnürt mir die Brust zusammen. Die schwarzen Autos gleichen Trauerkondukten in einer gespenstischen Vision. Aus einem dunklen Himmel fällt der Regen stärker.

Die SS handelt entschlossen. Früher war das Theater Grand Guignol in Paris sehr in Mode. Man spielt dort Schauerdramen. Die Schauspieler stellen keine Menschen, sondern Höllensöhne dar, die nichts als Schurken sind; dem Zuschauer gruselt, doch wenn er hinausgeht, hat er das angenehme Gefühl, es war Theater und nicht das Leben. Hier war es Leben. Die Synagoge wurde in Brand gesteckt; die Bartholomäusnacht war nicht mehr Geschichte. Raub, Mord, Vergewaltigung kamen über uns wie ein Wetter. Keine jüdische Wohnung blieb verschont. Und dies ist nicht das Ende, es ist der Anfang des Schreckens.

Mein Nachbar von gegenüber heißt Hindes und ist ein Getreidehändler. Vor der Tür seines Hauses wurde er von einem SS-Mann aufgefordert, die Schlüssel zu seinem Magazin herauszugeben. Als er ruhig und bescheiden erklärte, die Schlüssel schon den abgezogenen Russen gegeben zu haben, wurde er beschimpft. Als er beschimpft wurde, hörten es zwei andere SS-Männer, die sich in der Nähe unterhielten. Der eine unterbrach sein Gespräch, zog seine Pistole und schoß den alten Hindes tot. Dann zündete er sich eine Zigarette an und führte seine Unterhaltung fort. Unheimlicher, als daß der SS-Mann den Getreidehändler erschoß, berührte mich die Ruhe, mit der er es tat.

Hindes liegt noch immer vor seinem Haus. Zuweilen, wenn niemand auf der Straße ist, wagt sich Frau Hindes heimlich hinaus, um für ein paar Sekunden bei dem Toten zu knien. Ich beobachte dies durch einen Spalt in unseren geschlossenen Fensterläden.

Zwei Juden wurden heute kommandiert, mit einem Handwagen Hindes von der Straße fortzuräumen. Unter dem Spott von müßig zuschauenden SS-Männern wurde er vor der niedergebrannten Synagoge begraben. Dort haben noch andere auf ähnliche Weise Ermordete ihre letzte Ruhe gefunden. Am Abend dieses Tages wurde Frau Hindes erschossen.

Es werden Juden gejagt. Sie werden verfolgt wie wilde Tiere im Dschungel. Der Dschungel ist Zbaraz, ein kleiner Ort im Osten, ein unbedeutender Fleck. Die Häuser sind zur Hälfte zerstört, zur anderen Hälfte stehen sie noch. Wir haben das Glück, im Zentrum der Ereignisse zu wohnen. Das Hauptquartier der Truppe ist immer vor unserem Fenster, und vielleicht verdanken wir unser Leben dem Umstand, daß die Mörder ihre eigene Öffentlichkeit scheuen.

Das Gros unserer SS ist nach Tarnopol weitergezogen. Die Fama berichtet mit Entsetzen von der Ernte, die diese Männer dort gehalten haben. Am ersten Tage sollen fünftausend Juden erschossen worden sein.

Max Fröhlich, der in unserem Ort lebt, war in Tarnopol, als die SS dort einzog. Er gehörte zu den Exekutierten. Er hatte aber keine tödliche Wunde bekommen; er lag lediglich mit einem Bauchschuß bewußtlos unter den Leichen. In der Nacht kam er zu sich. Er kroch aus dem Leichenhaufen hervor und schleppte sich zu einer befreundeten Familie. Ein Arzt verband ihn heimlich und unter Gefahr. In einer neuen Nacht brachte man ihn nach Zbaraz zurück. Er liegt versteckt ein paar Häuser weit von mir im Wundfieber.

Zu der SS gesellt sich eine plötzlich organisierte ukrainische Miliz. Zunächst versprachen wir uns von ihrem Erscheinen eine Verbesserung unseres Lebens; tatsächlich wurde das Dasein, seit sie hier ist, nur unerträglicher. Von der SS abhängig und ihre Macht nur von ihr beziehend, sind die Angehörigen dieser ukrainischen Organisation bestrebt, ihre nationalsozialistischen deutschen Meister an Grausamkeit noch zu überbieten. Jeder Tag bringt seine tausend Qualen. Junge Burschen haben es zu einer Mode gemacht, alten und frommen Juden die Bärte abzuschneiden. Sie finden dies einen herrlichen und harmlosen Spaß. Der Synagogendiener, ein alter, frommer Israelit, hat sich am Abend des Tages, an dem ihm dies passierte, erhängt.

Ich hatte gehofft, daß die Einrichtung einer regelrechten deutschen Verwaltung zwar viel Bürokratie, aber auch das Ende der absoluten Anarchie mit sich bringen würde. Die Verwaltung ist jetzt eingesetzt: ein Ortskommandant, ein Landwirt und ein Landeskommissar. Der Ortskommandant ist ein Mann, der sich, weder schlecht noch gut, um nichts kümmert. Er sitzt in Pantoffeln in seinem requirierten Haus und läßt sich Enten braten. Wie sehr wünschten wir, daß alle deutschen Herren so wären wie dieser! Wir würden landauf und landab eilen und unsere letzten Besitztümer verkaufen und vertauschen, um ihnen mit Enten die Lust an all den Grausamkeiten zu nehmen, an dem kannibalischen Verlangen nach Menschenfleisch, von dem das Lied singt: »Wenn's Judenblut vom Messer fließt.« Der Landwirt Pfeiffer und der Landeskommissar von Braunschweig sind andere Gestalten. Pfeiffer kann ich mir sehr gut in seiner Heimat denken, als einen unbedeutenden kleinen Mann mit kleinem Einkommen, voll Unbefriedigung und unter dem Pantoffel einer verblühten Gattin. Hier geht er, um zu fühlen, daß er mal wer ist, mit einer Reitpeitsche umher, und wenn ihm einer begegnet, dessen Gesicht ihm nicht gefällt, dann schlägt er zu. Nun erst der Landeskommissar v. Braunschweig! Er ist ein wahrer König in seinem kleinen östlichen Reich von Hitlers Gnaden. Rauschende Feste werden zu seinen Ehren veranstaltet, und wenn der Alkohol seine Wirkung getan hat, versucht er Vorstellungen, die er sich als Orgien erträumt hat, in die Wirklichkeit umzusetzen. Niemand hindert ihn. Er versucht's. Das Ergebnis stimmt ihn traurig und macht ihn wütend. Dann wird die Nacht unruhig, und es wird viel geschossen. Von Braunschweig und seine Gäste feuern aus den Pistolen ihre mißlungene Lebensfreude, ihre Lebensangst, ihre innere Leere gegen die kalt und gleichgültig am Himmel ihre Bahn ziehenden Sterne. Einmal ließen sie in dieser Stimmung um Mitternacht die Kirchenglocken läuten. Irgend etwas hetzt sie. Normaler ist es, daß die Betrunkenen Mädchen suchen. Aber das tun Eroberer wohl überall.

Ein Befehl sagt: Juden haben deutsche Soldaten zu grüßen. Wir taten es. Dann kam ein Verbot: Juden haben deutsche Soldaten nicht zu grüßen. Wir grüßten nicht. Die Soldaten wußten aber nun nicht mehr, ob sie gegrüßt werden sollten oder ob sie nicht gegrüßt werden durften. Wenn ein Militärauto vorbeifuhr und der Jude grüßte die Soldaten, hielt der Wagen an, und der Jude wurde verprügelt. Wenn aber der Jude, ohne von dem Auto Notiz zu nehmen, vorüberging, hielt der Wagen auch an, und der Jude wurde verprügelt, weil er nicht gegrüßt hatte. Da wir nun nicht wußten, was wir tun sollten, und das Grüßen und Nichtgrüßen für uns eine Frage von Leben und Tod wurde, blieb uns nichts anderes übrig, als uns vor jedem deutschen Soldaten zu verstecken. In Zbaraz konnte man nun immer Juden sehen, die, begegneten sie einem deutschen Soldaten, eine mehr oder minder einfallsreiche Vogel-Strauß-Politik trieben und oft tatsächlich den Kopf in den Dreck der Straße steckten.

Ein Plakat ist überall angeschlagen und zeigt eine Riesenlaus. Der Text zu dem Plakat lautet: »Nur Juden haben solche, und diese Läuse bringen Krankheiten. Hütet Euch vor den Juden!«

Ein Lautsprecherwagen verkündete am Abend, daß sich alle Juden im Alter von sechzehn bis sechzig Jahren am nächsten Morgen um sieben Uhr auf dem Marktplatz einzufinden hätten. Um ja rechtzeitig zu erscheinen, stand ich an diesem Morgen sehr früh auf. Ich machte mich sehr sorgfältig fertig; ich wußte nicht, was von uns verlangt werden würde, aber ich wollte auf alle Fälle einen möglichst guten Eindruck machen. Als ich gehen wollte, fand ich die Haustüre verschlossen. Janina hatte den Schlüssel abgezogen und weigerte sich, ihn herauszugeben. Ihr feiner Instinkt witterte in der befohlenen Zusammenkunft auf dem Marktplatz ein Unglück, vor dem sie mich bewahren wollte. Alle meine Beteuerungen, daß ich hingehen müßte und wegen meines Fernbleibens große Unannehmlichkeiten zu befürchten hätte, halfen mir nichts. Janina blieb standhaft in ihrer Weigerung, den Schlüssel herauszugeben. Durch das Fenster sahen wir, wie alles zum Marktplatz eilte. Wenige Minuten nach sieben Uhr entstand auf dem Platz eine Panik. Die Menschen liefen nach allen Richtungen davon, oder sie versuchten es wenigstens. Ukrainische Miliz und deutsche SS hatten den Platz umzingelt und drängten die Menge mit Gewalt zusammen. Es wurde dann jeder nach Alter und Beruf befragt und eine Art von Musterung gehalten. Schließlich teilte man die Leute in zwei Gruppen. Zur ersten Gruppe gehörten die etwas besser Gekleideten und die Vertreter der Intelligenz; zur zweiten Gruppe kamen die übrigen. Mit dieser zweiten Gruppe wurde ein kurzes militärisches Exerzieren ausgeführt, bis sie in Viererreihen geteilt zur Arbeit abmarschierten. Die Angehörigen der Gruppe 1, es waren zweiundsiebzig Juden, wurden zu Geiseln erklärt, und der gesamten Judenschaft von Zbaraz wurde eine Frist bis Mittag gestellt, um fünf Kilo Tee, fünf Kilo Kaffee, hundertfünfzig Kilogramm Zucker und zweihundert Stück Toiletteseife zu beschaffen. Um die Geiseln zu befreien, gingen Frauen und Mädchen mit Körben von Wohnung zu Wohnung. Diese Haussammlung brachte bis Mittag das verlangte Gut zusammen. Die Geiseln ließ man aber nicht frei. Sie hatten bisher auf dem Marktplatz gestanden. Jetzt kamen Lastautos angefahren; bewacht von SS-Soldaten mußten sich die Geiseln, den Kopf nach unten haltend, auf die Lastwagen knien. So wurden sie am Nachmittag davongefahren. Wir haben sie nicht wieder gesehen.

Es ist ein Bauer in den Ort gekommen und hat mit einem Juden gesprochen. Der Bauer hat erzählt, daß er am Abend des Tages, an dem die Geiseln davongefahren wurden, im Wald von Lubianka Schüsse gehört und am nächsten Morgen dort ein frischaufgeworfenes Massengrab gefunden hätte.

Auf Verlangen der deutschen Verwaltung ist ein Judenrat gebildet worden. Er scheint aber nicht dazu geschaffen, die Juden zu beraten; es ist eher seine Aufgabe, sie ans Messer zu liefern. Niemand weiß, wie es dazu gekommen ist, – der Obmann des Judenrates wurde Pinkus Grünfeld, ein unangenehmer Mensch von schlechtem Ruf. Der Nationalsozialismus wählt selbst seine jüdischen Funktionäre in einer negativen Auslese. Grünfeld, seine Frau und seine Tochter – ich bedauere, dies hinschreiben zu müssen – scheinen in der Tragödie der Juden an unserem Ort eine besonders furchtbare Rolle spielen zu wollen. Wir alle haben den Verdacht, daß Grünfeld und seine Freunde im Glauben, die eigene Haut somit retten zu können, die Judengemeinschaft verraten und mit unseren Peinigern einen unsauberen Handel treiben werden. Der Judenrat hat sich zu seinem Schutz und um seine Maßnahmen mit Nachdruck durchführen zu können, eine jüdische Miliz geschaffen. Es haben sich viele junge Männer gemeldet.

Der Judenrat hat eine hohe Kontribution ausgeschrieben. Ich habe fünfhundert Zloty, das sind zweihundertfünfzig Reichsmark, zu zahlen. Die Eintreibung wird streng durchgeführt. Die Milizmänner gehen wie mitleidlose Gerichtsvollzieher von Haus zu Haus. Wer nicht zahlen kann, dem wird sein Hausrat zu einem willkürlichen Schätzwert weggenommen; Schränke, Betten, Decken, Wäsche, Geschirr trägt man den Armen davon.

Da die deutsche Verwaltung Juden für alle möglichen Arbeiten verlangt, hat der Judenrat ein Arbeitsamt eingerichtet. Hier feiert die Korruption neue Orgien.

Da eine voraussichtlich längere Zeit währende wichtige Arbeit der einzige Schutz vor einer plötzlichen Lastwagenfahrt zum Massengrab zu sein scheint, reißt man sich um jede Stellung, so, wie sich der Ertrinkende an den berühmten Strohhalm klammert. Im Arbeitsamt gibt es nun für teueres Geld sogenannte Dauerposten zu kaufen. Wer zum Straßenbau will – es wird lange dauern, bis die Straße fertig ist –, muß dreitausend Zloty zahlen. Die Arbeit am Bahnbau steht, da länger während, noch höher im Preis.

Es sind den Juden vierundzwanzig Stunden Zeit gelassen, ihre sämtlichen Pelz- und Wollsachen abzugeben. Die Ablieferung wird kontrolliert.

Am Morgen lesen wir immer mit Furcht die neuen Plakate, die während der Nacht angeschlagen wurden. Von heute ab muß jeder Jude am rechten Arm eine zehn Zentimeter breite, weiße Armbinde mit einem blauen Davidstern tragen. Auf Nichtbefolgung dieser Anordnung stehen hohe Strafen.

Die Plakate von heute Morgen befehlen, daß wir die Judenbinde nicht am rechten, sondern am linken Arm zu tragen hätten.

Die Frage der Judenbinde beschäftigt die deutsche Verwaltung noch immer, und es scheint so, als ob ihr hier alle zwei Tage eine neue Meinung käme: Heute heißt es auf den Plakaten wieder, die Binde sei doch am rechten Arm zu tragen.
Auf der Straße wird das korrekte Tragen der Binde kontrolliert. Schon in den ersten Tagen kostete eine nicht vorschriftsmäßige Anbringung dieser Kennzeichnung fünfhundert Zloty Strafe. Jetzt wird für dasselbe Vergehen die Todesstrafe angedroht. Der seltsame militärische Sadismus und Masochismus der Deutschen läßt auch die weißen Schafe unter den SS-Männern, die sonst lässiger im Dienst und milder im Judenquälen sind als ihre Kameraden, die Bindenfrage genau nehmen und die Kontrolle mit aller Strenge durchführen.

Eine neue Verordnung befahl, an jeder Tür und jedem Fenster einer Judenwohnung weiße Plakate mit dem Davidstern anzubringen. Im Laufe eines Tages war das überall geschehen. Das genügte aber nicht. Die Militärverwaltung verlangte nun einheitliche Plakate. Es wurden also einheitliche Plakate gedruckt, mit drei Unterschriften des Judenrates versehen und den Wohnungsinhabern für hundert Zloty überlassen. – Es ist allen Nichtjuden verboten, eine so gekennzeichnete Wohnung zu betreten.

Nach einer der vielen Verordnungen ist dem Juden das Verfügungsrecht über sein Eigentum genommen. Das Eigentum ist dem Staate verfallen erklärt. Bei jeder Veräußerung macht man sich strafbar. Trotz dieses strengen Verbotes sind die Juden gezwungen – den öffentlichen Markt dürfen sie nicht betreten –, um überhaupt weiterleben zu können, heimlich Kleidungsstücke, oft das letzte Hemd, bei den Bauern gegen Lebensmittel einzutauschen. Der Hunger ist stärker als die Furcht. Die Bauern nutzen diese Notlage der Juden aus; sie müssen mehr als jeder andere zahlen. Ertappt man den Bauern und den Juden bei einem Handel, werden beide empfindlich bestraft; der Jude aber empfindlicher. Er wird zur ukrainischen Miliz geführt und dort barbarisch verprügelt. Dann verfaßt man auf einem Fetzen Papier ein Protokoll und droht, dieses Protokoll an den SD (Sicherheitsdienst) nach Tarnopol zu schicken, – wenn nicht eine hohe Geldstrafe an die ukrainische Miliz gezahlt wird. Das Absenden eines Protokolls an den Sicherheitsdienst bedeutet mit großer Wahrscheinlichkeit die Todesstrafe. So muß der Jude unter allen Umständen das Blutgeld für die ukrainische Miliz aufbringen. Die Ukrainer sind keine Unmenschen; sie nehmen neben Geld auch Uhren, Ringe, Stoffe, Koffer und alles, was Wert hat. Erst wenn die Habgier der Ukrainer befriedigt ist, wird das Protokoll zerrissen.

Der ukrainischen Miliz hat sich eine neue Einnahmequelle erschlossen. Die Juden haben die Straße vor ihren Wohnungen rein zu halten. Wir bemühen uns alle, dieser Verordnung nachzukommen. Ich stehe jeden Morgen vor Sonnenaufgang vor unserem Haus und kehre die Straße. Die Straße war sauber. Ein paar Stunden später kam ein Milizmann vorbei, warf Papier auf die Straße, trat in unser Haus ein und stellte mich wegen des Papiers zur Rede. Fünfundzwanzig oder fünfzig Zloty sind die Taxe in einem solchen Fall. Welcher Jude hätte sich getraut, eine Beschwerde vorzubringen oder das Geld nicht zu zahlen?

Meine Schwestern, Sida und Irma Littner, die in Budapest gelebt hatten, waren aus Ungarn ausgewiesen und zusammen mit dem Verlobten von Irma, Victor Blum, in das Ghetto von Borsczczow gebracht worden. Sie hatten mir von dort einige traurige Briefe geschrieben. Mein letzter Brief an sie war nun mit dem Vermerk »Adressat verstorben« zurückgekommen. Es war am 22. November 1941. Ich ließ durch den Judenrat von Zbaraz Erkundigungen einziehen und mußte dann erfahren, daß meine geliebten Schwestern im Anschluß an eine 9. Novemberrede von Goebbels in Borszczow einem Pogrom zum Opfer gefallen waren.
Heute erhielt ich die folgende amtliche Nachricht von ihrem Tode »Der Judenrat in Borszczow, Am 14. Dezember 1941, Zahl 307/41. In Beantwortung Ihres Schreibens vom 5. XII. teilen wir mit, daß Sida Littner, Irma Littner und Viktor Blum am 14. XI. 1941 in Borszczow gestorben sind und an diesem Tage auf

dem hiesigen jüdischen Friedhof bestattet wurden. Für den Judenrat«, – die Unterschrift ist nicht zu lesen. Wer möchte auch seinen Namen deutlich unter ein solches Dokument setzen?

Wir schliefen noch, es war wohl vier Uhr früh, wir lagen in den Betten, es war dunkel, als an diesem unglücklichen Tag unsere Tür mit Gewalt aufgeschlagen wurde. Ich sprang hoch und blickte blind in den Schein einer Blendlaterne. Erst allmählich sah ich, daß es drei Männer waren, die mit Stahlruten auf uns einschlugen. Wir schrien alle und wurden blutend in eine Ecke getrieben. Ich dachte: Nun werden wir erschossen. Ich dachte, nun sollte ich beten. Der alte Professor Müller, der mit uns das Zimmer teilt, weinte wie ein kleines Kind. Er ist taub; nun war ihm das Augenglas zerschlagen, und er tastete blind in dem ungewissen, hin- und hergerissenen Licht der Blendlaterne und im Wirbel der schlagenden Gewalt nach einer Hilfe, die ihm hier nicht werden konnte. »Laßt doch den Greis«, rief ich noch, »er ist ja taub«, aber ein Schlag über den Kopf schloß mir den Mund und ließ mich nur noch stöhnen. Nun wurde im Zimmer alles aus Schränken und Koffern herausgerissen. Später sah es im Raum aus wie nach einer Schlacht. In der kleinen Küche wurden die wenigen Vorräte vernichtet, Salz, Mehl und zwei Eier zu Boden geworfen. Dann entfernten sich die unheimlichen Besucher. Wir waren am Leben geblieben. Wir hörten nun aus den anderen Häusern die Rufe der Gemarterten und das Klirren eingeschlagener Fenster. Von der Straße schallte der Lärm eines Marktes. Bauern aus der Umgegend waren mit ihren Wagen gekommen, wie zu einem Fest, und Kleider und Hausrat wurde ihnen aus den Judenwohnungen zugeworfen. Die Plünderung dauerte bis zum hellen Morgen. Sie wurde ausgeführt von einer Strafkompanie des Tarnopoler Sicherheitsdienstes.

In Zbaraz gibt es jetzt eine Zweigstelle des Tarnopoler Arbeitsamtes. Die Juden sind bei diesem Amt registriert worden. Wir müssen uns jede Woche einmal auf dem Amt melden und eine Karte zur Abstempelung vorlegen. Der Zweck der Registrierung ist die Verschickung der Juden in Arbeitslager. Wie man in diesen Arbeitslagern lebt, wie man in ihnen stirbt, haben uns herausgeschmuggelte Briefe der ersten Opfer berichtet. Jedes dieser Lager hat seinen großen Friedhof.

Heute war ich in großer Gefahr! Der Sekretär des Arbeitsamtes, ein Ukrainer, wollte mich in ein Straflager senden. Aber der Vorstand des Amtes, ein gewisser Wasuta, ein strenger, aber gerechter Mensch, rettete mich vor dem sicheren Tod. Er gab mir, ohne daß ich dafür zahlen mußte, eine der wenigen begehrten Arbeitsstellen in Zbaraz. Man erzählt sich von Wasuta, daß er aus reiner Menschlichkeit einige zur Arbeit nach Deutschland verschickte Jüdinnen mit arischen

Papieren versorgt habe. Um der Gerechten willen soll die Erde nicht untergehen.

Ich habe meinen neuen Posten angetreten. Ich bin Aufseher bei den Aufräumungsarbeiten in der Stadt. Ich bin verantwortlich für den sauberen Zustand der Straßen. Die mir zugeteilten Arbeiter sind Greise. Ich lasse sie zu Hause und gehe allein, das Arbeitspensum zu bewältigen. Um vier Uhr früh bin ich schon auf. Ich kehre die Straßen. Ich bin mein eigener Aufseher und mein eigener Arbeiter. Ich bin zufrieden. Ich bekomme keinen Lohn, aber ich darf wenigstens vorläufig noch leben bleiben.

Seitdem ich in Krakau Abschied von meinem Sohn Zoltan nahm, hörte ich nichts mehr von ihm. In Sorge, benutzte ich jede Gelegenheit, mich nach ihm zu erkundigen. Aber erst vor kurzem erfuhr ich, daß Zoltan mit seiner jungen Frau in Warschau sein sollte. Ich bat den Judenrat in Warschau um die Adresse meines Sohnes.
In bin glücklich, Zoltan wiedergefunden zu haben; aber sehr unglücklich stimmt mich sein erster Brief. Er schildert das Leben der Juden im Ghetto zu Warschau. Auf den Straßen liegen die Toten, liegen die Verhungerten und die Ermordeten – mit einem Zeitungspapier zugedeckt. Den Sohn dort zu wissen, ist für den Vater schrecklich. Ich versuche, ihm zu helfen, und bin doch selbst in Not.

Heute erhielt ich auf einmal zwei Briefe von ihm, die meine Verzweiflung vergrößern. Dies sind die Briefe meines Sohnes:

»Warschau, 7.5.42. Mein lieber Vater! Habe Deinen Brief erhalten, wie auch die Geldsendung, wofür ich Dir herzlich danke. Lieber Vater, Du machst Dir keinen Begriff, in welcher Situation wir Deinen Brief erhalten haben. Ehrenwörtlich haben wir damals schon drei Tage keinen Bissen im Munde mehr gehabt, haben schon den Hungertod verspürt. Lieber Vater, es ist mir sehr schwer, alle diese Dinge zu schreiben, habe aber keinen anderen Ausweg. Hatte ja die Tage gezählt, bis eine Antwort von Dir kam. Ich bitte Dich nochmals, uns von hier wegzuretten. Wir sind völlig ausgetrocknet, weil wir fast ein Jahr kein Fett mehr verspürt haben. Glaube mir, wenn ich bei einem Laden vorbeigehe, möchte ich am liebsten die Schaufenster einschlagen, um das Brot zu nehmen. Würdest Du mich sehen, bräuchte ich mir es zu ersparen, Dir Näheres zu schreiben. Eine Stiege zu steigen, bin ich nicht imstande. Das Ärgste ist, daß wir nicht einmal zu wohnen haben. Wir drücken uns von einem zum andern und finden zu unserem Hunger nicht einmal Ruhe.«

»Warschau, 10.5.42. Mein lieber Vater! Schreibe Dir noch anschließend einen Brief. Vielleicht gibt es doch Gelegenheit, daß Du uns zu Dir nehmen kannst. Ich und meine Frau wollen gerne die größte Arbeit machen. Es sind hier im Warschauer Ghetto fünfhunderttausend Juden und jetzt brachte man noch einige Tausend aus Deutschland und der Tschechoslowakei.

Täglich sind hier vierhundert bis vierhundertfünfzig Beerdigungen. Tote liegen drei bis vier Wochen auf dem Friedhof. Lieber Vater, ich bitte Dich nochmals mit den letzten Kräften: Rette uns! Rette uns, wie Du nur kannst – ich werde es Dir in meinem ganzen Leben nicht vergessen und dankbar sein.« –
Im Programm des Nationalsozialismus sollen viele schöne Worte stehen, den Familiensinn zu stärken und zu ehren. Wir Juden hatten immer eine innige Familienverbundenheit. Was würde ein deutscher Vater sagen, erhielte er einen Brief von seinem Sohn, wie ich ihn erhalten und hier wiedergegeben habe?
Das Schicksal meines Sohnes quält mich mehr als das eigene Los. Ich laufe von einem Bekannten zum anderen, aber niemand kann mir helfen, niemand einen Rat geben. Ich darf Zbaraz nicht verlassen, und das Ghetto von Warschau ist gesperrt. Ohnmächtig, ein Gefangener, muß ich aus der Ferne zusehen, wie mein Sohn zugrunde geht. Mein, ach, so ungenügendes Essen widersteht mir, wenn ich an Zoltans Hunger denke, und mein hartes Lager gibt mir nach der Arbeit des Tages nicht mehr den Schlaf. Ich sehe ihn vor mir, wie er von mir ging: ein junger Soldat, bereit zu kämpfen und bereit auch zu sterben. Jetzt verlischt er in der Blüte der Jahre ruhmlos im Elend. Ich leugne meine Tränen nicht.

Es kam dieser Brief meiner Schwiegertochter:
»Warschau 13.8.42. Mein lieber Vater! Zoltan ist leider nicht imstande, selbst zu schreiben. Er ist zu

schwach und hat sehr schwere Tage mitgemacht mit einhundertfünfzig Stuhlgängen im Tag. Dabei ist er überall an den Gelenken geschwollen. Es wundern sich die Menschen, daß er die Krise durchgemacht hat. Das ganze Leiden kam vom Hunger. Ich selbst liege an derselben Krankheit, aber ich bin nicht so schlecht daran, wie der arme Zoltan. Als ich das Telegramm sandte, hatte er 41,8 Fieber. Er mußte vorher vier Wochen im Stiegenhaus schlafen, da ihn niemand wegen seiner Krankheit in die Wohnung gelassen hat. Wenn nur wenigstens ich gesund wäre, aber ich bin zu schwach, diesen Brief weiter zu schreiben.« –
Am Tage, nachdem dieser Brief mich erreicht hatte, wurden die Juden von der Teilnahme am Postverkehr ausgeschlossen.
Ich habe von meinem Sohn nie wieder etwas gehört. Er ist in der Hölle des Ghettos von Warschau umgekommen.

Wir sind in Zbaraz von der übrigen Welt so gut wie abgeschlossen. Aber es dringen doch Gerüchte aus anderen Städten zu uns. In Lemberg soll es ein grausames Pogrom gegeben haben. Die SS wütete in besonderen Kommandos mit besonderem Nachdruck gegen die Juden. Es ist nun Sitte geworden, daß von den Judenräten der verschiedenen Städte ein Kontingent Menschen zur Abschlachtung verlangt wird, wie sonst in Kriegszeiten Vieh. In einigen Orten hat der Judenrat es nicht über sich bringen können, die Opfer zu liefern. Der Judenrat mußte dann selbst den Weg der Vernichtung gehen. Woanders wieder spielt der Judenrat den Hund des Schlächters und treibt die Verzweifelten zusammen, um selbst noch einmal das dürftige Leben zu retten, an dem doch jeder hängt.

Die Verfolgung wird mit jedem Tag schlimmer. Schon der bloße Anblick eines Juden provoziert die SS. Viele von uns wagen sich nicht mehr auf die Straße.

Der Bruder des bei uns wohnenden Professor Halpern ist zweiter Obmann im Judenrat. Heute Nacht wurden wir von zwei Milizianten geweckt. Sie forderten Professor Halpern auf, zum Judenrat zu kommen; sein Bruder hätte sehr viele schriftliche Arbeiten zu erledigen und brauche seine Hilfe. Es war diese Nachricht aber ein verabredetes Alarmzeichen, und wir kleideten uns alle an. Wir warteten in großer Sorge auf Halperns Rückkehr. Als nach zwei Stunden an unsere Tür geklopft wurde, hatten uns die Angst und das Warten dergestalt demoralisiert, daß wir in wilder Flucht hinter das Haus und die dort gelegene Böschung hinunterliefen. Wir standen zitternd in tiefer Dunkelheit. Plötzlich wurde uns mit einer Taschenlaterne ins Gesicht geleuchtet. Es war ein jüdischer Miliziant, der uns fragte, warum wir weggelaufen wären, und uns ins Haus zurückschaffte. Wir würden uns, sagte er, in große Gefahr begeben, wenn wir fliehen wollten. Dann erfuhren wir, daß der Mann, der geklopft hatte, der Bote von Professor Halpern war.

Er brachte die Nachricht, daß die »Aktion« begonnen hätte. Obwohl wir seit Wochen das Schreckliche erwartet hatten, traf uns diese Nachricht wie ein Keulenschlag. In großer Furcht spähten wir durch das Fenster in die Dunkelheit hinaus. Wir sahen Uniformierte mit Karabinern die Straße auf und ab gehen. Hin und wieder leuchtete eine Sturmlaterne auf, und die SS-Leute in ihren weißen Mänteln wirkten in ihrem Licht wie Gespenster. Doch waren sie schrecklicher als jedes Gespenst, von dem man gelesen hatte. Sie waren Oger, die ihren Tribut an Menschenfleisch verlangten. Sie waren die Höllenboten der abendländischen Zivilisation des zwanzigsten Jahrhunderts.
Im Hause wohnte Jacob Oehl, und im Hause wohnten Herr und Frau Kornberg. Nach Mitternacht wurde die Haustüre aufgestoßen, und schwere, eisenbeschlagene Stiefel hallten im Flur. Jedermann hielt sich bang in seinem Zimmer. Schließlich riefen mehrere Männerstimmen den Namen: »Jacob Oehl!« Dann wurden auch Kornberg und Frau Kornberg aufgerufen. Wir wissen jetzt, wie die Stimme klingen wird, die zum ewigen Gericht ruft. Bleich und mit klopfendem Herzen harrte jeder auf den nächsten Laut. Jeder fragte sich: Wird auch dein Name ertönen, wird auch dir die Stunde schlagen? Aber es blieb in unserem Haus für dieses Mal bei den drei Namen. Die Unglücklichen, alte Leute, wurden abgeführt. Sie gingen stumm und ohne zu klagen. In anderen Häusern gab es bei ähnlichen Vorgängen herzzerreißende Abschiedsszenen, wenn Familienmitglieder voneinander getrennt wurden. Der alte Kazu sagte zu seiner Frau, als er sich mit

ihr dem Zug zum Tode anschließen mußte: »Komm, komm, Weiberl, wir machen Hochzeitsreise.« In der ganzen Straße war ein großes Jammern.

Früh um einhalbacht Uhr kam Halpern zu uns zurück. Er war vollkommen verstört und erlitt einen Weinkrampf, als er von den furchtbaren Stunden dieser Nacht berichtete, wie er sie auf dem Judenrat erlebt hatte. Das SS-Kommando hatte die Lieferung von fünfhundertdreißig Juden verlangt. Die Zahl war nach den Einwohnern berechnet worden und mußte genau stimmen. Die SS sah auf prompte und genaue Lieferung! Wenn eines der vorgesehenen Opfer nicht angetroffen wurde, mußte ein anderer Jude als Ersatz gestellt werden. Im Judenrat hatte Grünfeld eine Namensliste auf der Schreibmaschine zusammengestellt. Die Opfer holte die SS, die dabei von der jüdischen Miliz unterstützt wurde. Bis zum Morgen wurden die Gefangenen in der Badeanstalt festgehalten. Dann wurden sie auf Lastautos verladen. Drei der Alten waren zu schwach, um auf den hohen Wagen zu klettern – sie wurden vor dem Auto erschossen. Die Autos fuhren unter schwerer Bewachung in Richtung Tarnopol davon.

Der junge Oehl, der Sohn von Jacob Oehl, der an der Bahnstrecke nach Tarnopol arbeitete und von der Verschleppung seines Vaters nichts wußte, entdeckte ihn zu seinem Schrecken auf einem Transportauto. Er durfte sich ihm jedoch nicht nähern, geschweige denn mit ihm sprechen. Mit stummen Blicken mußten sie voneinander Abschied nehmen, und beide wußten, daß es ein Abschied für immer war.

Wir wissen nun, daß es in Belzec eine große Vernichtungsanstalt für Juden gibt. Die Anstalt sieht aus wie eine Fabrik und arbeitet nach modernen rationellen Methoden. Die Abtransportierten aus unserem Bezirk kamen dorthin. Sie sind der Rohstoff für dieses Werk, das Kleider und Leiber armer Menschen industriell verwertet und den unnützen Rest von ihnen, die Seele, ach, die Seele, als Rauch zum Himmel schickt.

Im Anschluß an die »Aktion« wurde uns eine weitere Kontribution auferlegt. Es wurden Goldsachen und Geld verlangt. Um die Kontribution aufzubringen, hatte der Judenrat ein Komitee aufgestellt. Es wurde nicht danach gefragt, ob jemand noch etwas hatte oder ob er nichts mehr hatte. Die Veranlagung erfolgte willkürlich und schuf großen Jammer.

Ein Eingeweihter hat mir erzählt, daß die Mitglieder des Judenrates sich nicht an der Kontribution beteiligt hätten. Bei ihnen trägt die Verzweiflung ein anderes Gesicht. Ihre Nächte werden durchzecht. Sie spielen um hohe Einsätze. Auch die nicht zur Elite des Rates gehörenden jüdischen Milizianten werden festlich bewirtet, denn Schergen müssen gut genährt sein und bedürfen hin und wieder einer alkoholischen Anfeuerung.

Viele Ortschaften im Kreise Tarnopol werden nun »judenfrei« gemacht. Die Gemeinden rivalisieren in einer Art Wettbewerb, am ehesten ihre Juden zu vertreiben. So strömen die Heimatlosen nach Zbaraz hinein, das sie vorläufig noch duldet. Eine traurige Völkerwanderung kommt zu uns. Abgehetzte, verängstigte, übermüdete Gestalten schleppen die armseligen Reste ihrer Habe; so hocken sie auf den Steinen der Straße, bis sie notdürftig untergebracht werden. Die arbeitsfähigen Männer werden im Hof des Judenrates festgehalten und zu Transporten für die Straflager zusammengestellt.
Schon vor Tagen hörten wir ein Gerücht, nach dem in Tarnopol eine große »Aktion« stattgefunden habe. Besonders Janina war in Sorge und grämte sich sehr. Ihr Sohn Mietek ist in Tarnopol in einem Arbeitslager. Endlich kam heute durch einen Boten ein Brief Mieteks zu uns. Der Brief schildert die Vorgänge in Tarnopol, und ich schreibe ihn hier ab:
»Hier auf der Station habe ich einen Transport Zbarazer gesehen. Hatte große Angst, Euch darunter zu finden. Wie glücklich war ich, Euch nicht entdeckt zu haben. Gleich habe ich aus Freude darüber meine ganze Sammlung von russischen Briefmarken, die, wie Du weißt, einigen Wert besitzt, dem Grünfeld geschenkt mit dem Bemerken, der Judenrat möge sie für sich verwerten. Das, was sich hier ereignet hat, war schrecklich. Ich glaubte mich in die Zeit um 500 v. Christi zurückversetzt. Man hat zwei Drittel der Bevölkerung von Tarnopol weggenommen, fünftausendachthundert von neuntausend Einwohnern.

Die Haare standen mir zu Berge. Während wir sonst privat in der Stadt übernachten konnten, hatten wir am Sonntag Befehl, im Lager zu schlafen. Am Montag früh fünf Uhr erfuhren wir, daß die Aktion begonnen habe. Ich hatte die ganze Nacht nicht geschlafen, Hunderte von Flöhen bissen mich unausgesetzt, ganz zu schweigen von den Läusen. So eine Nacht vergißt man nicht. Von Müdigkeit bis zum Umfallen geplagt, mußten wir am anderen Tag an der Dreschmaschine arbeiten. Ich möchte niemandem wünschen, daß er auch nur Zeuge der Szenen an diesem Blutmontag gewesen wäre, die ich mich ansehen mußte. Schreckliches Geschrei, da und dort Gruppen von jüdischer Miliz abgeführt. Kinder, Frauen und Greise, alle zur Abschlachtung. Verschiedentlich sah man Flüchtende, von der Miliz und SS verfolgt und niedergeschossen. Eine wahre Treibjagd. Wir wurden vom Lager weg in einer Kolonne von den jüdischen Lagerkommandanten Wolkenberg und Fink herausgeführt, blaß und zitternd, nicht mehr zu erkennen. Dann mußten wir auf einen Platz gehen, in dessen Mitte eine Menge Leute standen, die auf ihren Abtransport ins Lager Belcek zur chemischen Vernichtung warteten. Wir waren zunächst auch unter ihnen, aber glücklicherweise hat man uns wieder freigelassen und an eine Arbeitsstelle geführt. Wie war ich froh, das Brot bei mir zu haben, das Du mir gebacken hast, denn ich wollte nicht vor Abschluß der Aktion nach Tarnopol zurückkehren. Der Tag ist vorbei und die Arbeit beendet. Wir begeben uns auf den Bahnhof, wo uns die übrigen Lagerarbeiter erwarten. Wir fragen uns, was wir nun beginnen sollten. Sollten wir uns trauen, zum Übernachten ins Lager zurückzukehren? Vor dem Ghetto waren eine Menge Leute, die uns den Rat gaben, nicht ins Lager zurückzugehen. So entschlossen wir uns, wieder zum Arbeitsplatz zurückzukehren und dort zu übernachten. Zum Unglück, oder zum Glück, ich weiß das nicht, kam der dortige Aufseher zur Kontrolle und warf uns aus unserem Versteck. Es war schon dunkel, wir schlichen zum Ghetto zurück. Das Tor war offen und unbewacht. Innen sah es aus, wie wenn der Kriegssturm darüber hinweggebraust wäre. Die Häuser leer, die Fenster zerschlagen, die Toten lagen auf den Straßen, es war grabesstill. Auf einmal erfahren wir, daß bis zum Abschluß der Aktion noch zwölf Menschen fehlen. Eine Panik ergriff uns alle. Wir wurden von Milizianten gepackt. Darauf sagten wir: »Lager Zbaraz!« Und wirklich ließ man uns wieder frei. Ein Gotteswunder. Wir waren allein im verlassenen Lager, es war unheimlich. Eine Stunde später kam eine Gruppe, die woanders gearbeitet hatte. Eine andere Gruppe kam überhaupt nicht, sie hatte im Wald übernachtet. Offenbar ist es Schluß mit der Aktion. Die Wohnungen stehen offen. Aber merkwürdig: Niemand stiehlt. Die Familie Körner aus Krakau ist gerettet. Meine Wirtin mit ihrem Kind hat auch Glück gehabt, sie wurde übersehen. Aber ihre fünfunddreißigjährige Tochter hat man verhaftet. Meine einstige Kollegin aus Krakau hat man auch verhaftet. Sie hörte von der Festnahme ihrer Mutter, lief von der Arbeit weg, um sie zu retten und wurde gleich mitgenommen.«

Bei aller Verfolgung jüdischer Menschen und Zerstörung jüdischen Eigentums wurde bisher der Friedhof übersehen. Das durfte natürlich nicht so bleiben. Es genügte nicht, die Lebenden zu quälen, es mußten auch die Toten, schon aus einem Gerechtigkeitsprinzip des Hasses, geschändet werden. Heute marschierten die Schüler des ukrainischen Gymnasiums, Mädchen und Knaben, in Reih und Glied unter Gesang zum jüdischen Friedhof. Sie zogen durch unsere Straße. Wir sahen sie vom Fenster aus. Sie hatten Schaufeln und Pickeln geschultert und schritten fröhlich wie zu einem Ausflug in den Wald. Auf dem Friedhof gab es dann ein Kinderfest, wie man es noch nicht gesehen hat: Die alten Grabsteine wurden umgeworfen, die Anlagen verwüstet, die Totenhügel dem Erdboden gleichgemacht. Später wurden Juden herbeigeholt, um die umgestürzten Grabsteine an Ort und Stelle zu zerschlagen. Die zerbrochenen Grabmale wurden auf die Straßen gekarrt und zur Wegpflasterung bestimmt.

Heute wurden Jüdinnen aufgerufen, um die Straßen mit den zerbrochenen Grabsteinen zu pflastern. Man kann auf den Steintrümmern noch die alten, hebräischen Inschriften lesen. Frau Ch. klopfte den Namen ihres Vaters in den Weg. Soldatenstiefel werden ihn zertreten. Die Hunde werden über ihn hinweglaufen. Die Ketten der Panzer werden die Schrift ausradieren.

Ein Geraune lief von Haus zu Haus – die SS hatte zweihundertfünfzig Opfer aus Zbaraz angefordert. Ein grauenvolles Warten begann, nachdem wir davon erfahren hatten. Derweilen stellte Grünfeld auf dem Judenrat seine Liste zusammen. Es waren dann, als die Liste bekannt wurde, alle armen Teufel der Gemeinde aufgeschrieben, die, die dem Judenrat zur Last fielen, die, die nichts mehr hatten, ihn zu bestechen. Wem es von den Aufgerufenen nicht gelang, sich noch zu verstecken, oder wer nicht durch einen glücklichen Zufall unfaßbar war, mußte mitgehen, mußte den Tod erleiden. Eine Befreiung gab es nicht. Es wurden zweihundertfünfzig Juden zur Badeanstalt geschleppt und dort eingesperrt. Sie wußten, welchen Weg sie zu gehen hatten.

Gegen Abend zeigte eine neue Zählung der Opfer, daß ihre Zahl nicht voll war. Das fehlende Wild mußte erlegt werden. Die Straßen waren leer. Nur Männer des Judenrates oder jüdische und ukrainische Milizianten waren zu sehen. Plötzlich hörten wir, die wir wieder vorsichtig auf die Straße spähten, ein herzzerreißendes Jammern. Ein Ehepaar wurde abgeführt. Der Mann hielt auf dem Arm ein etwa dreijähriges Kind, das er fortwährend liebkoste. Die Frau weinte und klammerte sich an des Mannes Arm. Es schnitt mir in die Seele, das Elend sehen zu müssen und nicht helfen zu können. Jede Sekunde konnte auch mich das gleiche Los treffen.

Wir sind in unserem Hause noch dreiundzwanzig Juden, und täglich zittern wir vor einer neuen Aktion, die immer kommen kann. Jeder zermartert sich das Hirn nach einem Ausweg. Wie viele ergebnislose Gespräche werden geführt! Wir sind gefangene Tiere in der Falle, die wir nicht öffnen können. Manchmal meine ich, das Beste wäre, sich hinzulegen und zu sterben; dann wieder überkommt mich eine angesichts der ganzen Lage fast wahnsinnig zu nennende Gewißheit, daß Gott mich retten wird. Endlich beschlossen wir, gemeinsam einen geheimen Bunker zu bauen. Wir wählten eine dunkle Kammer im Hausflur. Ihre Türe wurde zugemauert und verstellt. Niemand konnte hier einen Raum vermuten. Von unserer Wohnung aus wurde mit großer Mühe ein kleines Schlupfloch, das in diese Kammer führte, in die Wand gebrochen. Wir tarnten die Öffnung mit viel Geschick. Seit der ersten Aktion hatten wir eine Nachtwache eingerichtet. Die Teilnahme an dieser Wache ermüdete sehr, aber unsere Angst ließ uns den Wachdienst streng durchführen. Oft gab es einen falschen Alarm. Die Wache hatte etwas Verdächtiges gesehen, und wir begaben uns alle in unseren geheimen Bunker. Es war qualvoll, es längere Zeit in dem engen, dunklen und kalten Raum auszuhalten. Es waren auch Kinder bei uns und ihr Husten, Räuspern oder Weinen konnte uns allen den Tod bringen.

Der junge Oehl ist von seinem Dienst beim Streckenbau entlassen und in die Miliz aufgenommen worden.

Er hat manchmal des Nachts Dienst und erfährt eher als wir die drohende Gefahr. Oehls junge Frau und ihre Eltern und die kleine Noemi sind Gäste in unserem Bunker. So ist Oehl doppelt bemüht, uns rechtzeitig zu warnen. Wir fühlen uns nun etwas sicherer. Der Bunker ist furchtbar eng. Viele schlafen vor Erschöpfung und Luftmangel ein und müssen, wenn sie schnarchen, aufgeweckt werden. Das Schnarchen könnte uns im Ernstfalle verraten.

Oehl hatte heute erst nach Mitternacht Dienst. Die Reihe der Hauswache war an mir. Uns gegenüber ist ein Quartier der ukrainischen Miliz, und ich wurde aufmerksam, als in der stillen Nacht ein Wagen dort vorfuhr. »Wo ist der Judenrat?« wurde auf deutsch gefragt. Ich spähte vorsichtig hinaus und sah auf dem Auto SS-Angehörige in ihren langen, weißen Mänteln sitzen. Die Furcht schnürte mir die Kehle zu. Jetzt wird es ernst, dachte ich, und umgehend weckte ich Oehl und die anderen. Wir versteckten uns, so rasch es ging, in dem Bunker, und Oehl eilte, nachdem er unser Schlupfloch geschickt getarnt hatte, zum Judenrat.
Wir hatten vorher in den Wohnräumen alles durcheinandergeworfen, und Oehl ließ alle Türen offen. Die durcheinandergeworfene Wohnungseinrichtung und die offenen Türen sollten den Eindruck erwecken, daß bei uns die Aktion schon gewütet habe. Nach einer Weile kam Oehl vom Judenrat zurück und rief uns durch die Wand zu, wir sollten uns äußerst still verhalten. Es würde eine wilde Jagd veranstaltet werden. Es

ist nicht zu beschreiben, wie uns in dem Loch zumute war. Gerade an diesem Tag fühlte ich mich sehr elend. Die Luft war zum Ersticken. Wie langsam rinnt in solchen Situationen die Zeit! Da hörten wir auf einmal ein großes Poltern. Es kam näher und näher. Jetzt war es in unserer Wohnung. Nur Ruhe! Wir hielten den Atem an. Wenn nur das Herz nicht so laut pochen würde! Es waren entscheidende Minuten, und es ging um Leben oder Tod. Sie müssen lange bei uns geweilt haben. Endlich hörte ihr Suchen auf. Wir atmeten wieder. Die Menschenjäger waren gegangen. Langsam wich der Druck von uns, aber wir mußten weiterhin vorsichtig sein. Der Sauerstoffmangel machte sich in dem kleinen Raum immer stärker bemerkbar. Wir saßen mit hochroten Köpfen und atmeten schwer.

Erst am Mittag des anderen Tages ist Oehl, sehnlich erwartet, zurückgekommen. Wie glücklich waren wir, als wir unser elendes Versteck verlassen konnten, das uns doch vor dem Tode bewahrt hatte. Oehl berichtete, warum er uns nicht früher befreit hätte; die Aktion sei in der Morgenfrühe noch einmal mit voller Grausamkeit losgegangen. Jeder, der sich zeigte, sei wie Freiwild gefangen und mitgenommen worden. Männer, Frauen, Kinder und Greise. Keine einzige jüdische Wohnung sei verschont geblieben. Wir schlichen den Tag über wie gelähmt umher. Man hörte immer wieder von Bekannten, die das Los des fürchterlichen Todes getroffen hatte. Schrecklich war der Eindruck, den die Stadt nach dieser Aktion machte.

Sie war wie ausgestorben. Zbaraz hatte tausend Menschen in die Vernichtungsfabriken geliefert.

Einer in Zbaraz lebenden Zahnärztin ist es auf abenteuerliche Weise gelungen, sich aus einem Transport in die Todesfabriken zu retten. Ich habe aufgeschrieben, wie es ihr ergangen ist.

(Bericht der Zahnärztin): »Um sechs Uhr früh wurde ich unweit von meiner Wohnung von einer Patrouille gefangengenommen. Ich war in Hausschuhen. Einer der Soldaten bemerkte: ›Sie hat ja gar keine Schuhe an!‹ Worauf der andere sagte: ›Für das Rollkommando braucht sie keine.‹ Die Gefangenen meines Viertels wurden auf einem öffentlichen Platz gesammelt. Aus irgendeinem Grunde mußten wir hier kniend warten. Nach schmerz- und angsterfülltem bangem Harren wurden wir in Gruppen zur Badeanstalt geführt. Der Raum war übervoll mit Gefangenen. Man preßte uns mit Gewalt hinein und schlug uns mit Gummiknüppeln. Ein furchtbares, gellendes Schreien erfüllte die Luft. Kinder wurden erdrückt, und andere kamen auf ihren Leichen zu stehen. Wir blieben zwei Stunden hier. Dann führte man uns einen zwei Kilometer langen Weg zur Bahn. Auf dem Bahnsteig mußten wir uns, die Füße ausgestreckt, hinsetzen. Den Kopf hatten wir nach unten zu halten; es war dies eine Vorschrift, die den militärischen Ordnungssadismus unserer Peiniger seltsam befriedigte. Auch hier schlug man uns. Ein Heer von Uniformierten bewachte die Schar der Unglücklichen. Im Anfang durfte man sich durch ein Heben des Armes zum Austreten melden. Dann kam ein Ober-SS-Mann und schrie: ›Was, auf's Klosett? Nein! In die Hose, wie daheim!‹ In solcher Lage, erbärmlicher als das Vieh, blieben wir bis zum Abend. Dann wurde das arme Vieh sortiert. Männer von sechzehn bis vierzig Jahren kamen in Sonderzüge und wurden in die verschiedenen Arbeitslager, meist nach Lemberg, verschickt. Die übrigen verurteilte das kurze Daumenzeichen eines SS-Häuptlings zum Tode. Für die Vernichtungsanstalt bestimmt, wurden sie in Güterwagen gestoßen und rollten in die offenen Feueressen der polnischen Krematorien. Die Wagen wurden plombiert. Der Bahnhofsplatz war durch große Scheinwerfer grell beleuchtet, und Posten mit geschultertem Gewehr umschritten den Zug. Ich fiel zweimal in Ohnmacht. Ich war nicht die einzige. Die Wagen hatten keine Fenster. Die einzige schmale Luftklappe war von außen verschalt. Gegen neun Uhr setzte sich der Zug in Bewegung. Mein Herz drohte, mir die Brust zu sprengen. Ich schrie, im allgemeinen Schreien, mit meinem Vater, der gleich mir gefangen war. Unsere ganze Sorge galt meiner Mutter. Wenn sie bei uns gewesen wäre, wir würden gerne in den Tod gegangen sein. Nun dachte ich an Flucht. Wir hatten keine Angst unser Leben zu wagen, denn wir wußten ja, daß wir es verloren hatten. Einer von uns hatte ein größeres Messer. Ich begann mit dem Messer die Verschalung des Fensters zu bearbeiten, bis die Öffnung so groß wurde, daß sich ein Mensch mit Mühe durchzwängen konnte. Mein Vater und ich waren dazu entschlossen.

Der Zug fuhr langsam bergauf, ich zog mich empor und sprang hinab. Mein Vater folgte mir. Wir hatten uns beim Sprung verletzt, aber wir fühlten den Schmerz nicht. Wir liefen zu Fuß nach Zbaraz zurück. Ich mußte den Weg in meinen Hausschuhen zurücklegen, und meine Füße bluteten. Aus dem Zug flüchteten noch andere. Einige verunglückten bei dem Versuch tödlich; die Räder rollten über sie hinweg, nicht unbarmherziger als die deutschen und die ukrainischen Mörder.«

Aus Tarnopol bekamen wir einen traurigen Brief von Mietek. Er ist an Typhus erkrankt und bittet, ihm Gift zu schicken. Janina erwirkte für sich eine Genehmigung, ihn in Tarnopol zu besuchen. Sie kam verzweifelt von dieser Reise zurück. Die Eltern sehen, wir ihre Kinder vor ihren Augen getötet werden.

Es wird ein Ghetto geschaffen. Es ist uns befohlen, an den Stadtrand in die Nähe des Pferdemarktes zu ziehen. Hier wird der Abfall der Stadt abgeladen. Wir gehören zu diesem Abfall. Wir sind dieser Abfall. Im Sommer schwärmen hier Fliegen und Stechmücken in einer Wolke von Gestank, wie an einem höllischen Ort.

Die Übersiedlung ins Ghetto mußte in vierundzwanzig Stunden geschehen. Auch die Juden aus Podwoloczyska wurden hierhergebracht. Die wenigen Häuser reichten nicht aus, um all die Menschen zu fassen. Es müssen zwanzig und mehr in einem Raume hausen. Viele sind gezwungen, ihre Möbel zu verkaufen oder zu vertauschen. Es ist merkwürdig, wie die habgierigen Bauern dieses Landes den Raub wittern. Schon am frühen Morgen sind sie in Scharen in das jüdische Wohnviertel gekommen, um die günstige Gelegenheit wahrzunehmen. Das Ghetto bot einen wüsten Anblick. Der vorgefundene Unrat, das Umzugsgut und die Waren der Bauern gaben ein pittoreskes, elendes Bild. Möbelstücke standen zerschlagen vor den Häusern, und überall lag Stroh und Pferdemist. Ich war auch hier für die Sauberkeit der Straße verantwortlich und leistete mit meinem Besen eine Arbeit, wie Herkules im Stall des Augias, doch ohne Erfolg. Es war ein aussichtsloser Kampf. Ich habe nie vorher soviel Unrat gesehen. Die Bauern nahmen sich der Möbel an, die nicht in die Häuser hineinzubringen waren. »Ihr müßt froh sein«, riefen sie, »daß wir Euch überhaupt etwas für den Plunder geben. Ihr werdet ja sowieso bald erschossen.« Viele bittere Tränen flossen über die abgezehrten, gehetzten Gesichter der so angesprochenen Frauen.

Mietek ist aus Tarnopol geflohen und, von seiner Typhuskrankheit noch nicht geheilt, unvermutet zu uns gekommen. Wir leben zu vier Personen in einem winzigen Raum. Der Raum gehört zu einer alten, baufälligen Hütte und war vollkommen verwahrlost. Die

Zimmerdecke hängt herunter. Die Tür verdient nicht ihren Namen; sie ist ein Verschlag, der Wind und Regen einläßt. Es ist kein Heim für Menschen, und in Bayern würde ein Bauer mit Recht beschimpft werden, der sein Vieh so hielte. Aber was soll ich klagen? Wir leben, wir haben ein Dach über dem Kopf, wenn auch ein herabhängendes. Bedrückender ist die Gewißheit, daß es bald zu einer neuen »Aktion« kommen wird. Das Zusammenpferchen so vieler Menschen auf einem kleinen Raum ist der Beweis für die Absicht, sie besser zu fangen.

Die Stimmung im Ghetto hat einen Tiefpunkt erreicht. Aus allen Gesichtern spricht Hoffnungslosigkeit. Die einen haben bereits mit dem Leben abgeschlossen und wünschen nichts als ein schnelles Ende. Die anderen, in denen noch ein Rest von Lebenswillen vorhanden ist, sind in dauernder Furcht. Scheu und verstört bewegen sich alle, immer in Erwartung des unausbleiblichen schrecklichen Endes.

Die jüdische Miliz wurde von achtzig auf hundertdreißig Mann erhöht. Eine »Aktion« muß unmittelbar bevorstehen. Grünfeld weiß genau, was er vorhat. Von den Juden wird er ebenso gefürchtet wie jeder SS-Henker. Er ist fest überzeugt, durch Verrat an seinen Gefährten sich und seine Familie zu retten. Auch die Angehörigen der Miliz halten ihren Posten für eine Lebensversicherung. Die jungen Menschen bezahlen hohe Summen, bis zu zehntausend Zloty, um in die Miliz aufgenommen zu werden. Ich las einmal in einem Buch, wie bei einem Schiffsuntergang die Menschen um die Rettungsboote kämpften. Im Ghetto sind wir alle dem Untergang geweiht. Das Leben ist grausam, und grausam wird der Mensch. Wieviel Wachen haben wir über uns! Die jüdische Miliz, die ukrainische Miliz, die gewöhnliche SS, die SS-Sonderkommandos, die SS-Gendarmerie, die Streifen des SD – sie alle patroullieren in unserem armseligen Ghetto.

Es werden scharfe Kontrollen nach Lebensmitteln durchgeführt. Trifft man eine Bäuerin mit Milch im Ghetto an, wird ihr die Milch, die sie zu ihrem Vorteil mit uns tauschen wollte, auf die Straße geschüttet. Ich habe mit meinem Besen viele solche Milchlachen aufgekehrt. Ich gestehe, ich war in Versuchung, sie aufzulecken. Die Deutschen und die Ukrainer kontrollieren auch die Vorräte in den Wohnungen. Wehe jedem, bei dem größere Mengen Lebensmittel gefunden werden. Die Kontrollgänge sind eine beliebte Gelegenheit zu Erpressungen aller Art.

Im Judenrat wurde heute eine Hochzeit gefeiert. Ein Miliziant heiratete Grünfelds Tochter. Es soll wie im Gelobten Land gewesen sein, in dem Milch und Honig fließen. Für uns gewöhnliche Juden wird diese Hochzeitsfeier wohl eine neue Kontribution bedeuten.

Die Meldekarten der Juden sind vom Tarnopoler Sicherheitsdienst zur Prüfung eingezogen worden. Es sollen nur mehr durch den Sicherheitsdienst abgestempelte Karten gültig sein. Wer keine Meldekarte besitzt, ist vogelfrei.

Grünfeld ist nach Tarnopol gefahren, um unsere Karten abstempeln zu lassen. Wir leben in einer neuen, schrecklichen Ungewißheit. Wir fürchten, daß Grünfeld aus der Abstempelung der Karten ein grausames Geschäft machen wird. An dem lächerlichen Stempel hängt unser Leben. Grünfeld weiß es. Wem wird er die gestempelte Karte zurückbringen?

Grünfeld ist zurückgekommen. Er behauptet, nur für einen Teil der Karten in Tarnopol den Stempel erhalten zu haben. Der Stempel kostet ein wahnsinniges Geld. Ich muß Grünfeld tausend Zloty für meine Karte zahlen. Ein Lösegeld für wie viele Tage Leben? Aber wir sind von dem Stempel wie fasziniert und erwarten das Heil von ihm und, wenn wir ihn nicht bekommen, den Straflagertod.

Der Stempelhandel, die Stempeltragödie geht weiter. Viele, die in der Ziegelei, beim Straßenbau oder an der Ostbahn beschäftigt sind, haben den Stempel immer noch nicht erhalten und sind verzweifelt. Enorme Beträge werden für den Stempel gefordert und auch geboten. Grünfeld ist noch einmal nach Tarnopol gefahren. Es ist ein wüster, schmutziger Handel um das Leben. Der Mensch gilt nicht; der Stempel ist alles!

In Wiesniowicz wurden alle jüdischen Einwohner Opfer eines neuen Pogroms. Ein Arzt konnte sich mit seiner Frau und seinem Kind nach Zbaraz retten. Brenniger, ein schon vor vielen Jahren getaufter Jude, hatte den Arzt und seine Familie eine Nacht beherbergt. Vielleicht fühlte er sich durch seinen neuen Glauben, der ja die Nächstenliebe predigt, hierzu verpflichtet. Er wurde von einem Nachbarn denunziert, und er und die, die er beherbergte, wurden nach Tarnopol eingeliefert und dort erschossen.

Die Angst vor einer neuen »Aktion« wächst von Tag zu Tag. Wir wagen nicht mehr, in der Nacht unsere Kleider auszuziehen. In jedem Hause wacht einer, um die Straße zu beobachten. Überall baut man Bunker, um sich verstecken zu können. Die Menschen, gehetzt und den Tod vor Augen, graben sich wie Maulwürfe in die Erde. Unser eigener Bunkerbau war sehr schwer. Unsere baufällige Hütte steht auf einer kleinen Höhe und ist nicht unterkellert. Wir stanzten nun aus dem Fußboden ein Viereck, gerade so groß, daß sich eine Person durchzwängen konnte. Das Loch wurde mit einem genau passenden Einsatzbrett versehen, so geschickt, daß bei geschlossenem Deckel nie-

mand ahnen konnte, daß hier der Einstieg zu einem Versteck war.
Dann ging es an das Graben. Mit primitiven Werkzeugen und Eimern machten wir uns an die Arbeit. Mühselig mußte das Erdreich und der zähe Lehm aus dem Boden herausgekratzt werden. Die Angst trieb uns zur Eile. Jede Stunde, jede Minute war kostbar. Fieberhaft arbeiteten wir Nächte hindurch bei spärlichem Kerzenschein. Wir keuchten. Große Sorge machte uns die ausgegrabene Erde. Wir trugen sie heimlich hinaus und deckten sie mit Schnee zu. Wir mußten sehr vorsichtig sein, denn die Miliz, die das Ghetto bewachte, beobachtete mit Taschenlampen die Nacht, und wehe, wenn wir ertappt worden wären. Endlich konnten sich vier Personen in das Erdloch drücken. Als Sitzgelegenheit machten wir einen Lehmsockel und legten Bretter darauf. Das Inventar des Bunkers besteht aus einem Kübel für die Notdurft, einer Kerze und einer Thermosflasche mit Trinkwasser.

Wir Juden fürchten den 9. November. Seine Nacht kam heran. Wir blieben auf und waren auf alles vorbereitet. Um Mitternacht klopfte Oehl ans Fenster. Er flüsterte uns zu, daß die »Aktion« begonnen habe. Wie aufgeschreckte Mäuse huschten wir in unser Versteck. Der kranke Mietek weinte und weigerte sich, sein Lager zu verlassen. Kurz entschlossen bandagierte ich ihm die Beine; dann ließen wir den Widerstrebenden hinunter in die dunkle Gruft und legten ihn auf ein Brett. Es war wie das Hinablassen eines

Toten. Mietek war in einem erbarmungswürdigen Zustand; er hatte 40 Grad Fieber.
Unten im Verließ, im Bunker war es unbeschreiblich. Vier Menschen warteten bangen Herzens, daß droben der Tod vorbeigehe. Die Höhle war viel zu eng; wir atmeten mühselig. Mietek stöhnte und verlangte nach Luft. Plötzlich hörten wir viele Stimmen und schwere Tritte über uns. Jetzt waren sie da! Wir hielten gänzlich den Atem an! Selbst Mietek in seinem Fieber fühlte die Gefährlichkeit unserer Situation und stöhnte nicht mehr. Es waren Minuten, die wieder einmal über unser Leben entschieden. Nun hörten wir rufen: »Juden heraus!« Der Fußboden wurde mit Karabinern abgeklopft, um ein Versteck, eine hohle Stelle zu finden. Lange, es schien uns eine Ewigkeit, suchte uns der Tod. Das Klopfen der Gewehre war wie das Pochen seiner Knochenhände. Die Erde bröckelte auf uns herab; jeden Augenblick konnten wir entdeckt werden. Endlich wurde es wieder still. Das Leben schien uns neu geschenkt. Vorsichtig lüfteten wir die Klappe des Verstecks. Aber erst am Morgen getrauten wir uns, das Loch zu verlassen. Wir sahen furchtbar aus; die Wäsche, Kleider und Schuhe waren voll Lehm, durchnäßt außen und innen, denn in der Enge war es nicht möglich, die Notdurft zu verrichten. Wir waren Schatten, die aus der Unterwelt kamen, aber noch mit der Leiber Mühsal behaftet.

Das Unglück in unserer Hütte ist groß! Aber wir leben alle. Größer noch ist die Verzweiflung auf den Straßen, wo Eltern ihre Kinder, Kinder Vater und Mutter und die Gatten einander suchen. Es ist grauenhaft, wie sie weinend umherirren. Viele schreien, manche zerreißen sich die Kleider; manche gehen auch in stummer Verzweiflung, den Blick schon ins Überirdische gerichtet. Dazwischen läuft Pöbel und späht nach Raub aus. Da konnte ich ein Kind sehen mit einem Samowar unter dem Arm, dort schleppte ein Halbwüchsiger Hausrat davon. Durch die Fenster krochen die Diebe am hellichten Tag. Die Häuser waren ja verlassen, ihre Bewohner auf einem Weg ohne Rückkehr.

Wir erfuhren später von Bauern die grauenhafte Zahl: Eintausendfünfzig Opfer forderte die Nacht. Allmählich wurden die verlassenen Wohnungen verschlossen und versiegelt. Die jüdische Miliz hat diese Aufgabe. Aber vorher wurde noch einmal offiziell geplündert. Aus Tarnopol kam ein SD-Kommando unter der Führung eines gewissen Bischof, eines besonders berüchtigten Menschen. Dieser war in Begleitung seiner Geliebten Jadwiga Partyka, einer Volksdeutschen. Die Güter der Juden wurden auf Bauernkarren zum Genossenschaftsgebäude gebracht. Inzwischen ging Bischof mit Revolver und Reitpeitsche auf persönlichen Raub aus. Zwei Milizmänner begleiteten ihn. Der eine war Grünberg, ein Schwiegersohn des zweiten Obmannes. Grünberg trug für Bischof eine Literflasche Wodka, dem dieser gerne zusprach. Als Bischof zu unserer Behausung kam, ließ er die anderen draußen warten. Auf die Frage, wieso wir noch nicht »ausgesiedelt« seien, gab ich zur Antwort: »Ich arbeite!« Bischof verlangte nun meine Kennkarte, die er überprüfte. Es wurde mir befohlen, meine Taschen auszuleeren. Die ganze Zeit über fuchtelte der Unmensch mit der Reitpeitsche vor meinem Gesicht und drohte mehrmals loszuschlagen. Dann raubte er mir meine Brieftasche, die silberne Uhr, einen Füllhalter, Briefmarken und einen kleinen goldenen Ring, ein Andenken an meine Mutter.

Der schwere russische Winter hat seine Schneedecke über unser armseliges Ghetto gebreitet, ein weites, weißes Leichentuch der Natur liegt über ihren halbverstorbenen Kindern und den Eingescharrten, gleichgültig und kalt, doch nicht so grausam wie der Mensch. Ich mußte weiter auf der Straße arbeiten und die Wege bahnen für die Patrouillen unserer Peiniger. Unzureichend gekleidet und ernährt, brach ich schließlich zusammen und liege nun mit einer schweren Lungenentzündung in unserer Hütte. Ich grüble viel, und mehr als die Furcht vor dem Kommenden beschäftigt mich die Frage nach der Schuld, die Frage nach unserer Schuld und der Schuld der anderen. Ich forsche nach dem Quell der Schuld. Warum wird uns dieses grausame Schicksal zuteil? Immer wieder enden meine Gedanken bei Gott. Ich möchte mich auflehnen gegen seinen Willen. Und doch vertraue ich ihm. Es ist seltsam in meiner elenden Lage: Ich glaube, er wird mich retten.

Immer noch liege ich krank in dieser Hütte, dieser Erdhöhle, in unserer letzten Zuflucht. Frech und ungeniert huschen die Mäuse über das Lager des Kranken; sie achten den Vertriebenen und Gedemütigten, das Wrack eines einstigen Menschen, nicht. Erst wollte ich die kleinen grauen Tiere verscheuchen, dann unterhielten sie mich. Ich lernte allmählich die einzelnen unterscheiden und gab ihnen Namen und empfing sie wie Gäste. Da man mir so oft das Leben nehmen wollte, habe ich gelernt, das Leben zu achten – auch in der niedrigsten Kreatur.

Meine flinken, spielenden, huschenden Mäuse wispern, und es wispert im Ghetto die Furcht. Straflageraktionen kommen wie häufige Wetter, und die Menschenjagd tobt mit ihren Schreien durch die Nacht. Die Männer werden gefangen, sie werden aus den Betten geholt, auf der Straße verhaftet und bei der jüdischen Miliz festgehalten, bis eine »Fracht« zusammen ist, eine Fracht zum Lager und zum Tod. Alte Leute werden jetzt sofort erschossen. Der Tod trägt hier keine Sense wie auf den alten Totentänzen. Er hält eine Maschinenpistole im Arm. Heute Nacht hörten wir wieder das tackende Mähen. Am Morgen sah man vor dem Judenrat die Leichen liegen, darunter auch die einer Frau, die um die Befreiung ihres Mannes gebeten hatte.

Der Kranke empfängt Besuche. Die Besucher lachen nie. Heute war Schmajuk da; seine Eltern, seine Schwester, seine Frau wurden ermordet. Gestern saß Igo Grünberg an meinem Bett. Er ist einer der ganz wenigen, die aus einem Straflager wieder freigelassen wurden. Zu Hause fand er noch seine Frau und sein Kind. Aber seine Eltern, alle seine Geschwister und sein Schwager waren erschlagen. Der Kranke versucht weiter, in dem Geschehen einen Sinn zu suchen. Seine Nächte sind ohne Schlaf.

Im Judenrat ist an die jüdische Miliz Alkohol ausgegeben worden. Die Nachricht hat sich wie ein Lauffeuer im Ghetto verbreitet. Wir alle wissen, was dies bedeutet – eine große Menschenjagd. Noch immer schwerkrank, mußte ich doch in den Bunker hinunter. Völlig erschöpft krümmte ich mich im dunklen, feuchten Erdloch zusammen.

Unglücklicherweise weilten, als das Signal zur Großjagd gegeben wurde, zwei Fremde in unserer Hütte. In der Verwirrung des Augenblicks drängten sie sich zu uns in den Bunker, der aber keinen Platz mehr bot. Erst auf unser eindringliches Bitten begaben sich die beiden Fremden, die nun Mitwisser unseres Verstekkes geworden sind, wieder nach oben und flüchteten weiter. Eine Weile war es still in unserem Versteck. Dann hörten wir Menschen in der Hütte. An ihren Stimmen erkannten wir verschiedene Milizianten. Sie hielten sich ziemlich lange im Raum auf, verließen ihn aber schließlich wieder. Schon glaubten wir, das Ärg-

ste überstanden zu haben. Aber es war eine Täuschung.
Gegen fünf Uhr früh kamen andere Milizmänner und gingen, ohne zu suchen, sofort auf unser Versteck zu, zogen die Tarnung des Einstieges weg und klopften. Unser Versteck war verraten! Wir mußten die Klappe öffnen, und alles stieg zitternd empor. Nur ich blieb unten; mir war, als wäre ich schon gestorben. Mietek wurde von den Häschern mitgenommen. Mich ließen sie unter Verwünschungen unten liegen. Sie konnten mich einfach nicht mitnehmen; sie hätten mich tragen müssen. Janina lief in ihrer Verzweiflung über die Verhaftung Mieteks fort, um beim Judenrat seine Freilassung zu erflehen. Ich lag verlassen, hilflos, verzweifelt in meiner Grube. Das Fieber schüttelte mich, und in einer Vision sah ich mich lebendig begraben. Unser Einstiegloch war sehr eng wie der Hals einer Flasche. Ich kam mir vor wie ein in die Flasche gestoßener Korken. Wie sollte ich in meiner Schwäche je wieder ans Licht gelangen? Es war möglich, daß man mich von oben mit einem Schuß erledigte. Meine Verzweiflung war so groß, daß ich mir den Schuß und das Ende wünschte. Plötzlich erschienen fünf Milizmänner. Vor Anstrengung keuchend zogen und schoben sie mich zerrend und rückend in die Höhe und zwängten mich durch die enge Öffnung. Sie warfen mich auf den Boden der Hütte, wo ich keuchend liegen blieb. Der Schüttelfrost ließ mich beben, wie ein stehendes, altes Auto, in dem der Motor läuft. Am Ende muß ich, so unglücklich, das Mitleid der Milizianten geweckt haben. Sie taten mir nichts, sie schickten nach einem

Arzt. Und noch ein zweites Wunder geschah: Mietek wurde auf dem Judenrat freigelassen. Janina war überglücklich. Wir konnten wieder einmal feststellen, daß wir noch lebten.

Mitten im Dunkel der Tage ist ein Licht entzündet worden. Ein Engel ist mir im Ghetto erschienen.

Ich lag auf meinem Krankenbett und beschäftitge mich mit zwei Dingen: mit den Mäusen, und mit dem Gedanken an den Tod. Da öffnete sich die Tür der Hütte und Christa trat in den Raum. Ich glaubte zu träumen. Aber sie war es wirklich. Christa, meine Partnerin aus meinem anderen Leben, aus dieser kaum glaublichen Zeit, da ich als Mensch in München lebte und eine Briefmarkenhandlung am Stachus hatte.

Christa war in der letzten Zeit, als jede Nachricht von mir ausgeblieben, von großer Unruhe befallen. Sie hatte das Gefühl, mir helfen zu müssen, und da sie das von Bayern aus nicht mehr konnte, festigte sich in ihr der Entschluß, mich in Polen aufzusuchen. Sie kam nicht mit leeren Händen. Sie brachte Wäsche, Kleider, sie brachte Proviant und einige Wertsachen. Jedem anderen wäre es unmöglich erschienen, die Schwierigkeiten, die sich einer Reise von München ins polnische Ghetto entgegenstellten, zu überwinden. Christa schaffte mit der ihr eigenen Zähigkeit diese einmalige Tat der Hilfsbereitschaft und ließ sich durch nichts abschrecken. Sie mußte lange suchen, bis sie einen Weg fand, der vielleicht gangbar wäre. Einer ihrer Bekannter war Beamter der deutschen Verwaltung in Radom. Als dieser Bekannte einmal in München weilte, vertraute sich Christa ihm an, erzählte ihm mein Schicksal, und fragte ihn schließlich, was er in einem solchen Falle tun würde, um einen Menschen zu retten. Ohne Zögern bekam sie die für einen Beamten des nationalsozialistischen Staates erstaunliche Antwort: »Selbstverständlich helfen!« Christa und ihr Bekannter beschlossen dann, alles nur menschenmögliche zu tun. Christa bekam eine Reiseerlaubnis nach Warschau. Sie erreichte Warschau. Die Reisebestimmungen waren aber zu dieser Zeit für Zivilpersonen so erschwert, daß es fast unmöglich war, von Warschau nach Tarnopol weiterzukommen. Unter ungeheuren Strapazen gelang es Christa doch! Sie reiste in überfüllten, eisigkalten Zügen, die oft Stunden auf freier Strecke im Schnee steckenblieben. In Tarnopol mußte sie erfahren, daß der Bahnverkehr nach Zbaraz eingestellt sei. Es waren nur noch neunundzwanzig Kilometer, die sie von uns trennten, aber diese schienen unüberwindlich zu sein. Mit Mühe fand sie ein Nachtquartier in der Nähe des Bahnhofs. Sie war gepeinigt von dem Gedanken, nun nach all den Mühen und Gefahren unverrichteter Dinge umkehren zu müssen. Am nächsten Tag eilte sie wieder zum Bahnhof. Sie traf dort zwei Soldaten, die ebenfalls nach Zbaraz mußten. Die Soldaten brachten es schließlich fertig, eine Lokomotive zu organisieren, und sie nahmen Christa mit. Es war eine abenteuerliche Fahrt. Auf der einsamen Maschine hinter dem aufwirbelnden Schnee der Strecke kam sie zu uns. Sie war halb erstarrt.

Ihre Erstarrung hat sich gelöst; aber nun steht sie erschüttert im Elend unserer menschenunwürdigen Behausung. Sie sitzt an meinem Lager, und wir weinen beide. Wie fern ist München und die Briefmarkenhandlung am Stachus. Aber wie stolz dürfen wir sein. Der Mut und die Treue einer Frau zerstören das Lügenhaus des Rassenhasses.

Es waren drei glückliche, drei bewegte Tage, und es hat alles wunderbar geklappt. Nachts konnte Christa außerhalb des Ghettos schlafen, und vor allem gab es keine »Aktion«, während sie bei uns war. Am Tage saß sie bei mir, reichte mir von ihrem mitgebrachten Wermuthwein, und des Erzählens war kein Ende. Erschüttert von unserem Los, versprach sie, uns vor allem auch finanziell zu helfen, und sie hofft, über ihren Bekannten in Radom einen Weg zu finden. Wenn wir am Leben bleiben sollten, werden wir es ihrer Selbstlosigkeit und ihrem Mut zu danken haben. Ich habe sie mit großer Sorge scheiden und wieder auf die gefährliche Reise gehen sehen. Ein Bauernschlitten brachte sie nach Tarnopol. In Warschau wird sie den schlimmsten Teil ihrer Reise überstanden haben.

Mietek, von Janina aufopfernd, aber noch unzureichend gepflegt, kann sich von seinem Typhus nicht erholen und deshalb keine schwere Arbeit annehmen, die ihn vor einer neuen Aktion schützen könnte. Immer tiefer bedrückt hat er bei uns gesessen und uns heute seinen Entschluß mitgeteilt, in die Miliz einzutreten. Er veräußerte von seinen Habseligkeiten, was nur möglich war, um den anrüchigen Posten zu kaufen, der ihm vielleicht das Leben retten wird. Sein Schritt schmerzt uns. Aber wie können wir ihn davon abhalten? Es gibt für ihn keinen anderen Ausweg.

Auf dem Umweg über Radom und über eine nichtjüdische Adresse in Zbaraz erreichte uns die erste Post von Christa. In Warschau sah sie die letzten, greulichen Verfolgungen im Ghetto. Sie mußte auf der Reise fortwährend weinen. In München kam sie krank an. Sie schickt Geld und Päckchen. Es ist ein Hoffnungsschimmer! Mein Lebensmut hebt sich ein wenig, weil sie uns beisteht.

Heute um fünf Uhr früh weckte mich eine wilde Schießerei. Ich sprang auf und lugte durch das Fenster. Menschen in Uniform verfolgten in der Morgendämmerung andere Menschen, die keine Uniform trugen. Sie schossen aus Revolvern hinter ihnen her. Vor Jahren habe ich einmal einer Treibjagd beigewohnt. Ich hatte mir damals geschworen, es nicht wieder zu tun – die armen Tiere dauerten mich. Der Blick aus dem Fenster erinnerte mich jetzt an dieses Erlebnis, und diesmal waren es Menschen, die gejagt wurden. Sofort weckte ich die anderen, die trotz der Schüsse noch in tiefem Schlaf lagen. Es gab eine Panik. Wir konnten

uns nicht anziehen. Unmittelbar vor unserem Haus hörten wir furchtbares Schreien. Wir rafften unsere Kleider zusammen und schlüpften durch das Loch in den Bunker. In der Aufregung hatte ich meine Schuhe verloren und stand nun barfuß auf der feuchten, kalten Erde. Wir zitterten und durften uns nicht rühren. Draußen ging der Tod um. Die Schießerei schien nicht aufhören zu wollen. Jeden Moment konnte die Jagd in unser Zimmer dringen. Von überallher klangen gellende Schreie, die sich wie eiskalte Finger um unser Herz krallten. Die Kehle war uns trocken, der Puls schlug bis in die Schläfen, auf der Stirne stand der kalte Schweiß, es war die höchste Todesangst. Diesmal erwarteten wir mit Bestimmtheit das Ende. Aber auf einmal löste sich der Bann. Der Todesengel rauschte vorüber, die Jagd entfernte sich, die Schreie und das Bellen der Schüsse verloren sich allmählich.
Als es Tag geworden war, entschloß sich Mietek, den Bunker zu verlassen. Janina flehte ihn an, zu bleiben. Aber er meinte, er müsse zum Judenrat. Er stieg hinauf, reichte uns noch Wasser und Brot und meine Schuhe herunter, tarnte den Einstieg des Bunkers noch einmal und verließ dann das Haus. Wir warteten in der dunklen Höhle. Eine Ahnung hinderte uns, an das Licht zu gehen. Nach einer Stunde kam Mietek in die Hütte zurück und rief uns zu, wir sollten uns sehr ruhig verhalten, eine große Aktion sei im Gange. Bisher seien neunhundert Juden gefangen worden. Darunter auch seine Braut. Unsere Angst wuchs von Neuem.
Gegen Mittag kam Mietek wieder. Er war verzweifelt.

Es geht furchtbar zu, sagte er, aber er wolle seine Braut befreien. Bei früheren Aktionen konnten Milizmänner, wenn sie tüchtig und erfolgreich waren, einen Angehörigen befreien. Die Milizmänner hatten zu den Aktionsleitern, einem SS-Posten, zu gehen und wörtlich zu sagen: »Ich habe gut gearbeitet!« Kohanek, einer der tüchtigsten Milizianten, befreite so seine Eltern, mußte aber dafür vierundzwanzig andere Juden bringen. Er wollte auf diese Weise auch noch seine Schwester befreien, aber es gelang ihm nicht, weitere zwölf Menschen zu fangen.
Um vier Uhr am Nachmittag kam Mietek wieder. Wir saßen noch immer steif und erstarrt in der Erdhöhle. Mietek berichtete, daß seine Braut frei würde. Sie sei aber schon zum Bahnhof gebracht, wohin er auch eilen wollte. Wieder verging Stunde um Stunde. Mietek kam nicht zurück. Wir warteten. Es war so ruhig. Es war unheimlich ruhig. Wir lauschten angespannt auf jeden sich nähernden Schritt. Aber Mietek kam nicht. Vorsichtig öffneten wir die Klappe, um etwas Luft zu bekommen. Wir wagten es aber noch immer nicht, aus dem Versteck hervorzugehen. In der Ferne hörten wir Maschinengewehrfeuer. Das waren Hinrichtungen! Janina geriet Mieteks wegen in immer größere Unruhe. Auch ich war in Sorge, aber ich versuchte, die Sorge zu verbergen.
Es war eine lange Nacht. Die ganze Nacht blieben wir in unserer Höhle. Endlich, nach vierundzwanzigstündigem Höhlendasein, verließen wir um sechs Uhr früh das Versteck. Ich wagte mich vorsichtig auf die Straße. Wieder lagen Tote am Straßenrand. Ihre Glieder wa-

ren steifgefroren. Ihr Blut hatte den Schnee gefärbt. Bauern, die auf dem Wege zum Markt waren, umstanden sie neugierig und, wie es schien, ohne jedes Mitgefühl. Nur wenige lebende Juden hatten sich wie ich auf die Straße gewagt. Ängstlich und verstört wie in die Enge getriebene Tiere blickten sie um sich. Und dann hörten wir, daß Sternberg, der Kommandant der jüdischen Miliz, zusammen mit achtundvierzig Milizmännern erschossen wurde. Von der Miliz waren eintausendfünfzig Juden erschossen worden. Die Milizmänner hatten sie begraben müssen. Dann wurden sie selbst vor die Maschinengewehre gestellt. Janinas unheilvolle Ahnung bestätigte sich jetzt in tragischer Weise: Auch Mietek war erschossen worden.

Das Ghetto gleicht einer Totenstadt. Eine bedrükkende Stille wirkt in den menschenleeren Straßen. Gespenstig sind die verlassenen Häuser; aus leeren Fensterhöhlen und offenen Türen blickt das Grauen. Wie ein Augenzeuge berichtete, mußten die Opfer des Tages unter starker Bewachung auf dem freien Platz vor der Badeanstalt warten. Es war ihnen befohlen worden, sich dort auf den nackten Erdboden zu setzen. Da sie wußten, daß man sie durchsuchen würde, gruben einige, dort wo sie saßen, ihre Wertsachen unter sich in die Erde. Da die Erde hart gefroren war, rissen sie sich hierbei die Hände blutig. Dann wurden sie in Gruppen in die Badeanstalt geführt, wo sie sich fast völlig ausziehen mußten. So, beinahe nackt, gingen sie den drei Kilometer langen Weg durch die Stadt zu den Benzingruben. Hier mußten sie auch die Unterkleider ablegen und standen dann, wie Gott sie erschaffen hatte. In Gruppen zu zehn Personen wurden sie erschossen. Am anderen Tag lagen vor der Badeanstalt die Ausweispapiere der Toten und ihre Bilder. Der Wind und einige Kinder spielten mit ihnen. In der Hand eines Kindes sah ich die Photographie eines guten Bekannten. Auf meine Bitte hin gab mir das Kind das Bild. Es sind heute Juden befohlen worden, die Kleider der Ermordeten zu sortieren. Ihre Ringe und ihr anderer Schmuck werden in Säcke getan.

Die Überlebenden sind gezählt worden, und wir sind noch neunhundert Menschen im Ghetto. Keiner hat mehr eine Hoffnung, sich zu retten. Wir sind eine Stadt der Todgeweihten. Ein Gerücht sagt, daß Zbaraz noch im Laufe dieses Monats judenfrei gemacht werden müsse.

Spielende Kinder haben zufällig einige der vor der Badeanstalt vergrabenen Schmucksachen gefunden. Eine Völkerwanderung war die Folge. Von weither kamen die Menschen wie einst nach Alaska, um aus der Erde Gold zu graben. Die Toten haben viel zurückgelassen: Schmuck, Geld, Dollarnoten. Es war eine traurige Plünderung.

Die wenigen nicht ermordeten Milizianten wollen keinen Dienst mehr leisten und haben ihre Armbinden fortgeworfen. Die Posten in der Miliz sind jetzt gratis zu haben. Ein neuer Judenrat hat sich konstituiert. Als erstes stellte er fest, daß er Geld brauche, und uns wurde eine neue Kontribution auferlegt.

So elend, so geschlagen fühlte ich mich noch nie. Mir zittern die Hände. Ich möchte andauernd weinen. Ich fühle mich schmutzig und geschändet. Ich bin kein Mensch mehr. Ich muß heute mit anderen jüdischen Männern mit Schaufeln zum Massengrab der Ermordeten gehen. Das Grab war nur leicht mit Erde bedeckt; das Blut sickerte durch. Der Leichenhaufen war in Gärung geraten. Blasen stiegen auf, und eine schreckliche Wolke der Verwesung hing schwer und atemraubend in der Luft. Wilde Hunde hatten das Erdreich aufgewühlt. Sie hatten Leichenteile in ihren feuchten Schnauzen bis in die Stadt getragen. Der Hund eines Bauern brachte eine Hand in das Haus seines Herrn. Jeden Tag müssen andere Männer hinausgehen, das Grab mit neuer Erde zu bedecken. Die Arbeit ist so furchtbar, daß sie jeder nur einmal leisten kann.
Der nichtjüdische Freund, der Christas Post für uns empfing, fühlt sich beobachtet und gefährdet, und wagt es nicht mehr, uns zu helfen. Wir sind vollkommen verzweifelt. Wenn Christas Sendungen uns nicht mehr erreichen, sind wir verloren. Wir leben ja nur noch auf Abruf, nur durch Bestechung und List. Zum Glück hat sich schließlich ein menschenfreundlicher Arzt gefunden, der bereit ist, für uns mit Christa zu korrespondieren.

Zu Fräulein H., einem bildhübschen, achtzehnjährigen Mädchen, sagten die Männer der SS: »Ja, du bist hübsch. Dafür bekommst du zwei Kugeln.« Die junge, zweiundzwanzigjährige Frau F. war nicht tödlich getroffen. Sie wälzte sich am Boden und schrie, sie wolle noch nicht sterben. »Was, sterben«, sagte ein SS-Mann, »ein Jude stirbt nicht, er krepiert«. Ein fünfjähriger Junge blickte mit großen Augen auf seinen Henker. »Na, Kleiner, für dich auch eine Kugel«, sagte der fröhliche Mörder und erschoß den Knaben.

Es scheint nun sicher zu sein, daß Zbaraz judenfrei gemacht wird, und wir müssen etwas unternehmen, um uns zu retten. Wir haben mit einem ukrainischen Bauern verhandelt, und er hat uns Hilfe und Unterkunft versprochen – gegen gutes Geld natürlich. Heute holte er nun mit seinem Wagen Betten, Decken, Kleider und Wäsche und etwas Proviant ab. Dann gaben wir ihm dreihundert Zloty als Anzahlung. Wir sahen ihn mit großer Hoffnung davonfahren. Wir konnten es gar nicht fassen, daß uns geholfen werden sollte. Aber für uns kommt nun erst das Schwerste. Auf das Verlassen des Ghettos steht Todesstrafe. Aber wir müssen die Flucht wagen. Wir sind ja sowieso zum Tode verurteilt.

Dies war unsere Flucht: Wir warteten auf die Dämmerung. Sie schien nicht zu kommen. Es war uns, als wollte und wollte es nicht dunkel werden. Endlich war es soweit. Wir schlichen aus dem Ghetto. Bei den letzten Häusern streiften wir die Judenbinden vom Ärmel und steckten sie ein. Von der jüdischen Miliz hatten wir nichts mehr zu befürchten; sie flüchtete jetzt selbst in die Wälder. Aber die ukrainische Miliz war gefährlich. Wir mußten sehr aufpassen. Beim geringsten verdächtigen Geräusch warfen wir uns auf die Erde. Es war ein Gang wie aus einem Indianerbuch. Nur viel furchtbarer. Mir ging es sehr schlecht. Nur langsam konnte ich mich durch die Felder vorwärtsbewegen. Einige Male brach ich zusammen. Der Mond versteckte sich, als wollte er sich von unserem Jammer abwenden. Wir mußten uns in der Dunkelheit an den Händen halten, um uns im weiten Feld nicht zu verlieren. Ein Hund bellte. Der bellende Hund schien uns zu umkreisen. War es der Hund einer Wache? Wir fürchteten es. Jede Sekunde konnte er uns aus der Nacht anspringen. Endlich erreichten wir in Schweiß gebadet den Bauernhof. Ich sank unter einem Baum nieder. Ich war mit meinen Kräften am Ende, aber ich glaubte mich gerettet.

Der Bauer führte uns in eine Scheune. Wir legten uns ins Stroh. Es war kalt. Vor dem Morgengrauen kam der Sohn des Bauern und scheuchte uns auf; eine Kommission, so redete er, käme das Anwesen durchsuchen, und wir könnten nicht bleiben. Der Sohn des Bauern war unfreundlich, giftig. Er ließ die Scheunentüren offenstehen, weil er wollte, daß wir davonliefen. Wir wagten uns aber nicht ins Freie. Wir konnten uns einfach nicht entschließen, den Ort, den wir für unsere Rettung gehalten hatten, zu verlassen. Wieder verlebten wir eine Stunde der Unsicherheit und der Angst. Dann kam der Altbauer. Er war mürrisch, verlegen. Er hätte unsertwegen Verdruß mit seinen Kindern und wir könnten nicht bleiben. Wir flehten erbärmlich um sein Mitleid. »Na schön«, meinte er, und sprach dann von einem Bunker, den er für uns bauen wollte. Dann kam die Bäuerin mit einer Kanne heißer Milch und einem Topf gekochter Kartoffeln. Wir waren ausgehungert und stürzten uns auf das Essen. Die Bäuerin sah uns zu, wie man Tieren zuschaut. Als wir gegessen hatten, eröffnete sie uns, daß wir den Hof unter allen Umständen verlassen müßten. Sie hätte Angst für die Ihren und in Zbaraz sei Ruhe. Unser erneutes Flehen half nichts. Wir sollten gehen. Wir waren so verzweifelt und wußten nicht, was wir beginnen sollten. Auch graute uns vor dem Rückweg. Wir blieben stumpfsinnig im Stroh sitzen. Nach einer Weile kam ein kleines, blondes Mädchen in die Scheune und lief, als sie uns erblickte, schreiend davon. Dann hörten wir im Hof Leute rufen. Jetzt blieb uns nichts anderes übrig, als zu fliehen. Wir liefen springend über Acker und Feld. Wir keuchten. Wir hatten Angst, verfolgt zu werden.

Am Tage war es für die Jahreszeit schon heiß. Auf dem Felde arbeiteten Bauern. Sie beachteten uns nicht. Der Frühling keimte. Für uns Gehetzte wird keine Blume blühen, keine Frucht mehr reifen. Das Schicksal trieb uns zurück in die Falle, zurück in das Ghetto, ins Verließ, ins Erdloch, in den Tod. Nach der Anstrengung des Laufens keuchte ich nun wie eine Schnecke vorwärts. An einer Kreuzung der Straße schien mich der Atem ganz zu verlassen. Ich mußte mich setzen und konnte nicht wieder aufstehen. Sollte dies nun das Ende sein? Der Tod? Die Erlösung?

In der Ferne sah man einen Bauern. Er kam auf uns zu. Ich ahnte Schlimmes, aber ich konnte mich nicht erheben. Janina bat, Janina schalt, Janina puffte mich in ihrer Verzweiflung: »Los, los!« »Geh, du mußt!« Es ging nicht. Ich blieb sitzen. Nun war der Bauer bei uns. »Wo habt ihr eure Binde?« fragte er in ukrainischer Sprache. Janina antwortete auf polnisch. Aber der Mann hatte uns schon als aus dem Ghetto geflohene Juden erkannt. Er forderte uns barsch auf, mit ihm zur Miliz zu gehen. Unter unsäglichen Qualen konnte ich mich ein kleines Stück vorwärts schleppen. Dann fiel ich hin. Auf meinen Knien bat ich den Bauern, er solle uns doch freilassen. Wir fragten ihn, was er denn davon hätte, wenn wir erschossen würden. Der Bauer dachte nach und führte uns in ein Gebüsch abseits vom Wege. Dort forderte er tausend Zloty und eine goldene Uhr für unsere Freiheit. Wir hatten keine Uhr mehr. Wir hatten nicht das Geld. Er war enttäuscht und wurde wütend. Dann sei eben nichts zu machen. Aber wir setzten unser Flehen fort, Verlorene, auf die bestenfalls eine Kugel wartete. In meiner Todesnot erhob ich mich und streichelte dem Mann das Gesicht, um ihn günstig zu stimmen. Nun durchsuchte er Janinas Tasche und nahm die dreihundertsechzig Zloty, die sie noch besaß. Ich mußte mich ausziehen. Ich stand nackt vor ihm. Er durchsuchte meine Kleider. Er tastete mich ab. Aber es half nichts. Ich hatte kein Geld. Endlich gab er mir einen Fußtritt und wandte sich stumm von uns ab. Er ging. Wir waren wieder einmal gerettet. Wie Schatten kamen wir uns vor, als

wir, von niemandem sonst bemerkt, das Ghetto erreichten.
Im Ghetto liefen wir an einer Hütte vorbei, aus der lustiger Gesang und lautes Lachen drangen. Wir lauschten, und wir verstanden die Freude nicht. In der unheimlichen Erbärmlichkeit des Ortes, in dieser elenden, unheilschwangeren Luft wirkte der Klang der Lust gespenstisch. Wir empfanden das Lachen und Singen wie einen körperlichen Schmerz. Obwohl wir so müde waren, daß wir kaum noch einen Schritt gehen konnten, blickten wir durch ein Fenster in die Hütte. Wir sahen junge Leute in einer Art Verzückung sich der Freude hingeben. Wir erfuhren, daß sie mit dem Leben abgeschlossen hätten und in die Wälder flüchten wollten.

Unser Haus war leer. Unseren Hausrat hatte der Bauer, der uns verstecken wollte, weggefahren. Wir besaßen nur noch eine Hutschachtel und ein Köfferchen. Und im Ghetto gab es schon wieder etwas Neues! Das Ghetto wurde auf engerem Raum zusammengedrängt. Dem kleinen Rest der noch am Leben gebliebenen Juden waren ein paar Häuser neben der Badeanstalt zugewiesen worden. Wir mußten innerhalb von vierundzwanzig Stunden unsere Wohnung verlassen, und im Bezirk der Badeanstalt hatten wir noch keinen Raum. Der Tag war mein Geburtstag. Ich bemühte mich den ganzen Tag über vergeblich, im neuen Judenbezirk ein Unterkommen zu finden. Am Abend waren wir noch immer ohne Obdach. Wir beschlossen, die Nacht in unserem bisherigen Wohnraum auf den leeren Dielen zu verbringen. Es war eine Geisternacht. Das Ghetto schien nicht nur, es war auch ausgestorben. Erst gegen Mitternacht regten sich Geräusche. Lichtscheues Gesindel hielt eine letzte Nachlese in den verlassenen Heimstätten der Ausgeplünderten und der Ermordeten. Im fahlen Mondlicht huschten sie wie Ratten von Haus zu Haus. Wir hockten müde und verängstigt auf dem nackten Boden. Plötzlich wurde die Tür unseres Raumes aufgerissen. Im Türrahmen tauchte die Silhouette eines Mannes auf, der uns mit einer Blendlaterne ins Gesicht leuchtete. Wir waren für eine Weile wie blind und wagten nicht, uns zu rühren. Dann erlosch das grelle Licht der Laterne. Nur der glühende Punkt einer brennenden Zigarette verriet uns, daß der Besucher noch an der Tür stand. Wir hielten den Atem an. Es war wie in einem Alptraum. Wir erwarteten, daß jeden Moment etwas Fürchterliches passieren würde. Was mag in dem Mann vorgegangen sein? Auf einmal verschwand das kleine Licht der Zigarette im Dunkeln und die Tür wurde zugeworfen. Der Mann war gegangen.

Professor Halpern hat sich unser erbarmt und uns in dem kleinen Raum aufgenommen, den er mit seiner Frau, seinem Sohne und einem angenommenen Kind, dessen Eltern bei der letzten Aktion ermordet wurden, bewohnt. Wir haben nur die Möglichkeit, in einer Ecke auf dem Boden zu liegen, aber es ist wenigstens ein Dach über dem Kopf und Schutz vor den Milizpatrouillen, die uns von der Straße jagen.

Das Restghetto ist eine einzige Armsünderzelle. Auf der Straße begegnen die Juden einander wie schon Gestorbene. Sie grüßen sich nicht mehr mit Worten, sie grüßen sich nur mehr mit Tränen. Wir sind Fische im Bassin eines Kochs. Und wir sind nur mehr wenige.

Heute Morgen kamen zweimal SS-Männer in die Judenstraße, und jedesmal gab es eine Panik. Das gemeinsame Kartoffelsuppe-Essen mit der Familie Halpern verlief düster. Nach Tisch schrieb ich. Janina war mit dem Geschirr beschäftigt. Frau Halpern hatte sich sauber gewaschen, frische Wäsche angelegt und ihr gutes Kleid angezogen. Dann bat sie mich, ihren Mann und ihren Sohn zu rufen. Während ich sie rief, sprach sie leise mit Janina. Janina erschrak. Ihrem Mann und ihrem Kinde sagte Frau Halpern, sie möchten ihr nicht böse sein. Aber sie müsse nun gehen. Auch mir reichte sie die Hand mit den Worten: »Nehmen Sie bitte Abschied von mir.« Uns würgten die Tränen. Professor Halpern brachte keinen Laut über die Lippen. Das Kind schrie in instinktiver Angst. Ich rief erschrocken: »Nein, das dürfen Sie nicht tun!« Aber es war zu spät. Sie hatte Gift genommen. Bewußtlos sank sie auf einer Holzbank zusammen. Sie starb gegen Morgen an einer Luminalvergiftung. Einen Arzt zu holen war nicht möglich. Ein

Ghettoinsasse, ein Apotheker, hatte sich die Nacht über um sie bemüht. Vergeblich! Ihre Angehörigen sind untröstlich, aber sie ist nun von unserem Lebensleid erlöst. –
Viele Juden haben sich Gift verschafft...

Die jungen Männer, die wir in der Hütte singen und lachen hörten, sind in die Wälder geflohen. Sie wollten sich nach Wolhynien durchschlagen und dort zu den Partisanen gehen. Sie wurden aber schon am Tage nach ihrer Flucht nicht weit von Zbaraz im Walde überfallen, und vier von ihnen wurden getötet. Der fünfte wurde schwerverletzt zum Judenrat geschafft, wo er nach einigen Stunden starb.

Auch das gibt es: Kinder spielten in der Judenstraße. Es waren jüdische Kinder. Ich beobachtete sie vom Fenster aus. Sie spielen »Die Aktion«. Sie bauten sich aus Kisten und Brettern Bunker und versteckten sich in ihnen, während andere die SS mimten und sie aus den Bunkern heraustrieben, um sie dann mit aus Holz geschnitzten Gewehren zu erschießen. Ich fürchte, die Kinder spielten ihr eigenes zukünftiges Los.

Es kamen heute drei deutsche Soldaten ins Ghetto. Zuerst entstand die übliche Panik. Man hielt die Soldaten für SS-Männer. Ich hatte aber erkannt, daß es Angehörige der Wehrmacht waren und war vor dem

Haus stehengeblieben, als alles floh. Die drei fragten mich, warum die Menschen davonliefen. Sie täten doch niemandem etwas. Der eine der Soldaten wollte den beiden anderen zeigen, wie die Juden hausen. Ich sagte ihm: »Die Juden wohnen wie alle anderen Menschen, wenn man sie wie Menschen wohnen läßt.« Die Soldaten fragten dann höflich, ob sie ins Haus kommen dürften. Auf unserem Tisch lag ein halbes Brot. »Zu Essen habt ihr also doch«, sagte einer der Soldaten. Sie schienen angenommen zu haben, daß wir rein gar nichts mehr zu essen hätten. Janina, die hinzugekommen war, zeigte den Soldaten Mieteks Bild und klagte, daß er erschossen worden sei. Die Antwort war: »Der hat es gut; er hat es schon überstanden.« Dann bedankten sich die Männer sehr höflich bei mir und gingen weiter. Sie schieden offenbar im Bewußtsein, eine Sehenswürdigkeit, die Überreste einer aussterbenden Rasse gesehen zu haben.

In der Stadt Zbaraz und in den Dörfern der Umgegend sind große Plakate angeschlagen: »Wer Juden Unterkunft gewährt, wird mit dem Tode bestraft.« Es soll keiner dem Henker verlorengehen. Die Verstecke in den Judenhütten sind wertlos, weil sie den Häschern bekanntgeworden sind. Nun ziehen wir nachts mit Hacken und Schaufeln in den Wald und graben uns in die Erde ein. Im dunklen Gebüsch gleichen wir Ameisen, die emsig ihren Bau errichten. Zuweilen schießt die ukrainische Miliz blindlings in das Gewimmel.

Wir saßen im Erdloch und unterhielten uns. Es war eine schöne, frühe Sommernacht. »Gott wird uns helfen«, sagte ich. Der Apotheker antwortete erbittert: »Nun, Herr Littner, wo ist Ihr Gott?« Die Bäume rauschten im Nachtwind ihr altes Lied. Über ihren Wipfeln war das Licht von den Sternen. Um den Wald schlich der uniformierte Tod. Ich erwiderte: »Gott ist hier bei uns.« Professor Halpern fragte verzweifelt: »Und wie kann uns Gott noch helfen, auf welche Weise?« Ich sagte: »Das ist ein Geheimnis.« Im Ghetto schrie eine Frau.

Der Bäcker L. besorgt den Ghettoinsassen Mehl und Brot. Er findet seinen Vorteil. Er war heute bei uns und bot uns Topfen an. In einer plötzlichen Eingebung fragte ich ihn, ob er uns nicht retten könne. Er dachte nach. Ich versprach ihm eine Belohnung. Bei ihm, meinte er, könnten wir nicht unterkommen, er habe sieben Kinder. Aber er werde sehen. Sollte Gott uns den Bäcker in letzter Stunde geschickt haben?

Der Bäcker kam wieder und verkündete, er habe einen Platz für uns gefunden. Er ist ein gewöhnlicher Mann. Aber wir hielten ihn für einen Engel. Janina ging mit ihm, um mit den Leuten, die uns aufnehmen wollten, zu verhandeln. Als Janina zurückkam, berichtete sie eine merkwürdige Geschichte. B., ein polnischer Edelmann, ist in der Stadt als Vorkämpfer des Faschismus bekannt. Er besitzt am Stadtrande ein Herrschaftshaus mit einem prächtigen Garten. Aber es ist auch bekannt, daß er trotz dieses schönen Besitzes keinen Zloty in seiner Tasche hat. Um nun zu Geld zu kommen, hat er sich bereiterklärt, uns Juden bei sich, dem Faschisten, zu verstecken. Janina ist mit ihm einig geworden. Wir werden bei B. erwartet.

Um nicht aufzufallen, sind wir getrennt aus dem Ghetto gegangen. Der Abschied von den Zurückbleibenden griff uns ans Herz. Einer, der mir die Hand reichte, zeigte mir gleichzeitig das Gift, das er als letzte Hoffnung bei sich trug. An einer vereinbarten Stelle außerhalb des Ghettos erwartete uns der Bäkker. Er führte uns zu dem Mann, der uns retten wollte.

Das Haus lag in einem Garten, unberührt vom Grauen des Ghettos, und für mich lag es wie in einer anderen Welt, einer versunkenen Welt, in der vielleicht auch ich einmal gelebt hatte. Jetzt kam ich wie nach einer furchtbaren Wüstenwanderung in eine Oase. Ich mußte in einem schönen, großen, wohleingerichteten Zimmer auf den Hausherrn warten. Vielleicht war das Zimmer gar nicht so schön, so groß und so wohleingerichtet; es war sogar eher etwas Unordentliches in dem Raum, was befremdete und befremdend auf den Besitzer schließen ließ, aber nach der Hütte, aus der ich kam, und im Augenblick, da ich hier gerettet werden sollte, schien mir diese Wohnung eine Friedensburg und der Inbegriff der Behaglichkeit und des Wohlstandes zu sein. Durch die offenen Fenster sah man in den in sommerlicher Pracht liegenden Garten. Mir fielen die vielen Blumen auf; große Rosen blühten an hohen Stöcken, ein Petunienbeet bildete einen bunten Teppich im hellen Sonnenlicht, während woanders die alten Obstbäume behaglichen Schatten verbreiteten. Dann kam B. in das Zimmer. Er war von hoher, hagerer Gestalt, eine aristokratische Erscheinung, aber sein Wesen war wie innerlich gebrochen, und er verbreitete Unruhe um sich. Er betrachtete mich mit einem kalten und zugleich unsteten Blick. Wir tauschten einige höfliche Redensarten. Die sachlichen Verhandlungen über die Bedingungen unseres Aufenthaltes hatte Janina schon mit ihm erledigt. Eine Anzahlung war geleistet worden. Jetzt gab Janina B. noch ein Brot und einen Anzug ihres verstorbenen Mannes. B. nahm den Anzug und das Brot; es geschah würdevoll, und es war auch wieder peinlich. Was wir sonst noch besaßen, erhielt der Bäcker.

B. führte uns höflich, förmlich wie ein Schloßherr, den die Umstände leider zwingen, zahlende Gäste aufzunehmen, zu dem für uns bestimmten Versteck. Wir mußten über eine morsche Holzleiter in einen tiefen Keller klettern. Es roch feucht und faulig. B. sagte, hier hätten früher die Vorräte an Kartoffeln und Gemüse gelegen. Auf der einen Seite des Kellerraumes war im Boden eine Öffnung. Undurchdringliche Dunkelheit und stickige Luft schlugen einem entgegen, wenn man sich hinunterbeugte. Rohgeformte Lehmstufen führten einige Meter in die dunkle Tiefe. Man mußte sich hinuntertasten. Wir zögerten. Es war ein Einstieg in die Unterwelt. Aber wir mußten hinab. Es war unser Loch. Es war unser Versteck. Es war unsere Rettung.

Wir haben die ersten Stunden in unserem Lehmloch verbracht und versucht, uns einzurichten. Wir tasteten blind umher und stießen immer wieder gegen die Wände, an denen die Nässe herabrieselte. Janina sprach von den feuchten Mauern unseres Gefängnisses. Ich möchte lieber von den festen Wällen unserer Burg reden. Das Erdloch soll uns ja schützen! Gewiß ist es ein verzweifelter Aufenthalt. Ein zeitliches Grab. Aber es ist nicht der Tod, nicht der Graben, in dem die Erschossenen einen einzigen Haufen toten und noch zuckenden Fleisches bilden. Was mag oben im Ghetto geschehen?

Gegen Abend kam unser Wirt mit dem Bäcker in den Keller. Der Bäcker berichtete, daß das ganze Ghetto von SS und ukrainischer Miliz umzingelt sei.

Trotz der Müdigkeit, trotz der Strapazen und der Erregung der letzten Tage, fanden wir in der Nacht keinen Schlaf. Ein innerer und ein äußerer Frost quälten den Körper und die Seele. Wir meinten in dem Loch, das uns zur Rettung geboten war, verfaulen zu müssen. Wir lagen in der dunklen Tiefe der Erde, und doch konnten wir nur mit Grauen an die Oberwelt denken, wo nun, wie wir annehmen mußten, das Ghetto liquidiert wurde. Liquidieren ist ein Fachausdruck für vernichten, und vernichten heißt töten.

Am frühen Morgen hörten wir ununterbrochenes Schießen aus der Richtung des Ghettos. Später kam der Bäcker und erzählte, die Aktion sei in vollem Gange. Er berichtete, wie viele, die wir kannten, sich in ihren Hütten oder auf der Straße vergiftet hätten. Die anderen wurden erschossen. Sie mußten sich selbst das Grab schaufeln, vor dem sie dann aufgestellt wurden, um die Kugel zu empfangen. Bis spät in die Nacht hinein hörten wir das Knattern des Maschinengewehrs. Dann war Stille. Der Tod war satt. Die letzte Aktion war beendet. Die SS hatte gründlich gearbeitet. Zbaraz war judenrein.

Zbaraz ist judenrein! Die Gewehre schweigen. Der Tod schweigt. Die Gräber schweigen. Deutschland schweigt. Die toten Juden sind still. Um uns schweigt die Welt. Wir, die wir uns in ein Erdloch retteten, sind von schweigenden, feuchten Mauern umgeben. Wir leben in Finsternis. Auch die Finsternis ist still. In unserer Höhle ist es finster, kalt und still, wie in einem Grab. Aber wir leben! Wir regen uns manchmal. Wir streicheln uns manchmal. Wir flüstern ein Trostwort zum anderen: »Mut, Mut, Gefährte! Gefährtin unter der Erde, Gefährtin im Grabe, Gefährtin im Fegefeuer!« Hände begegnen einander im Dunkeln. Wen verband schon das Schicksal so? Das Stroh, auf dem wir liegen, mischt sich mit dem Lehm zum Morast. Ein Zündholz – hätten wir es – flammte nicht auf in der stickigen Luft. Gott hat uns zusammengeführt. Gott führte uns hierher. Woher mein Gottvertrauen? Ich sehe in dieser Höhle, in der es kein Licht gibt, ich sehe klar: Gott will uns retten! Ich werde jammern, gewiß. Ich werde morgen meinen, nun geht es nicht mehr, nun ist es aus, nun muß man sich ins Grab fügen. Ich werde es meinen; ich bin ein Mensch, und ich leide Unmenschliches. Aber Gott wird uns retten! In dieser Minute weiß ich es. Es ist sicher. Und wenn ich diese Minute auch vergessen mag, und wenn ich sie verleugnen würde und, die Erde im Mund, schreien würde, es sei kein Gott – diese Minute der Erkenntnis wird mir die Kraft geben, in aller Finsternis zu innerst standhaft zu bleiben und die Hölle zu überleben.

Die Wirtin des Hauses versorgt uns. B. hatte uns darauf aufmerksam gemacht, daß sie geistesgestört und unberechenbar sei, und wir fürchteten uns vor ihr. Am Morgen kommt sie mit einem Krug heißen Wassers. Einen Teil des Wassers trinken wir. Mit dem Rest waschen wir uns. Gegen Mittag bekommen wir gekochte Kartoffeln und jeden zweiten Tag eine Suppe. Manchmal besorgt uns der Bäcker etwas Brot und etwas Butter. Wir müssen ihm wahnsinnige Preise zahlen. Die Lebensmittel verschimmeln und zerrinnen uns in der Feuchtigkeit des Kellers unter den Händen. Unsere Schuhe und unsere Kleider fangen an zu faulen.

Bevor wir verfaulen, will ich die Namen der guten Menschen nennen. Christa! Vor allem Christa! In München waren auch noch andere gut zu mir. Mein Anwalt. Viele Berufskollegen. Der eine, der mich vernichten wollte, er zählt nicht. Überhaupt München! Die Stadt war gut zu mir, alle ihre Bewohner waren gut zu mir, bis sich das Braune Haus ausbreitete wie ein Krebs, und der Rassenhaß das freundliche Wesen vergiftete. Mein Sohn Zoltan Littner ist ermordet worden. Meine Schwestern Sida Littner und Irma Littner sind ermordet worden. Mietek Korngold, der eine von Janinas zwei Söhnen, ist ermordet worden. Wieviele Freunde liegen tot an den Wegen der Verbannung und des Ghettos! Und doch gibt es noch immer Freunde oben in der Welt. Der Flüchtling in der Höhle hat Freunde: Wladyslaw Gonidiewicz, Sophie Hladysz, Doktor Hladysz, Doktor Matinian – sie sind Freunde, sie helfen, wir werden gerettet werden!

Wir liegen wie blind in der Dunkelheit, und wir haben gelernt, uns wie Blinde zu bewegen. Im Ghetto war viel Lärm gewesen. Wir konnten uns anfänglich nur schwer an die Stille in unserer neuen Behausung gewöhnen. Die nassen Lehmwände lassen keinen Laut der Außenwelt zu uns dringen und schließen uns mit unseren eigenen Seufzern, mit unserem ängstlichen Flüstern ein. Allmählich werden wir selbst schweigsam. Wir fürchten uns vor unseren Stimmen. Janina und ich entwickeln eine neue Fähigkeit, uns ohne Worte nur mit Gedanken zu verständigen.

Wir sind von der Welt getrennt, aber die Sorgen der Welt sind mit uns in die Erde gestiegen. Wir zerbrechen uns den Kopf, wie wir unser Leben fristen und wie wir den Geldhunger unseres Wirtes befriedigen können.

Um von irgendwoher Hilfe zu erhalten, sind wir zunächst vollkommen auf das Wohlwollen unseres Wirtes oder des Bäckers angewiesen. Wir dürfen unser Erdloch auch nicht für eine Sekunde verlassen. Nicht einmal um Mitternacht hätten wir uns aus dem Keller hinausgetraut. Es sind hohe Belohnungen auf die Ergreifung von Juden ausgesetzt, die der Liquidierung des Ghettos entgangen sind und sich in den Wäldern oder auf einsamen Höfen aufhalten sollen. Immer wieder werden einige von ihnen entdeckt oder verraten. Sie werden dann sofort erschossen oder erschlagen. Kein Jude darf am Leben bleiben. B. erzählt uns diese furchtbaren Begebenheiten mit der deutlichen Anspielung, wie sehr wir es zu schätzen hätten, bei ihm versteckt zu sein. Zuweilen bringt er uns in den oberen Kellerraum eine abgeschirmte Stallaterne und Briefpapier. Wir müssen dann ganze Wunschzettel mit Dingen, die er haben möchte, an Christa schreiben. Christa soll ihm dann Päckchen senden. Heute wünschte er sich eine Armbanduhr. Er ist unersättlich. Ein größerer Betrag oder ein größeres Geschenk befriedigen ihn immer nur für einige Tage. Da wir nicht wissen, wie lange wir seine Lehmhöhlengäste sein müssen, erfüllen mich seine unentwegten Forderungen mit wachsender Sorge. Auch der Bäcker will Geld haben. Wie soll Christa all diesen Wünschen nachkommen? Und auf den komplizierten Wegen, auf denen Christa es möglich macht, uns Päckchen und Geld zu schicken, geht so viel verloren, wird so unendlich viel gestohlen. Jedermann bereichert sich an unserer Not.

Wir haben unseren Wirt nicht nur mit Geld zu befriedigen, wir haben jetzt auch für ihn zu arbeiten. Er überließ uns eine Kiste voll kleiner Wollreste. Im trüben Tagesschimmer des oberen Kellers oder auch in der Finsternis unseres Loches zertrenne ich die alten Wollsachen, und Janina strickt dann Strümpfe und Socken aus dieser Wolle. Es ist eine mühselige Arbeit. Wir bekommen nichts dafür. Aber es ist doch gut, daß wir die Arbeit haben, denn sie lenkt uns ein wenig von den allzu niederdrückenden Gedanken ab.

Der Kontakt mit B. und dem Bäcker und die tägliche Abfütterung durch die geistesschwache Wirtin sind unsere einzigen direkten Verbindungen mit der Außenwelt. Aber ein kleiner Kreis von treuen Menschen weiß noch von unserem Schattendasein. Zuweilen geben sie dem Bäcker Nahrungsmittel für uns mit, aber wir haben das Gefühl, daß uns nur die Hälfte erreicht. Leider ist die Zustellung von Christas Sendungen, unsere hauptsächliche Lebensader, immer wieder neu gefährdet. Der polnische Arzt, an den die Briefe gingen, ließ uns wissen, daß es ihm nun doch zu gefährlich wäre und er es lieber sähe, wenn wir für unsere Post eine andere Adresse verwenden würden. Wir mußten nun alles über Krakau umleiten, und es führte zu großen Komplizierungen. Häufig kamen Einschreibebriefe, in die von Christa Geld gelegt war, leer in unsere Hände. Dabei warteten unser Wirt und der Bäcker auf diese Briefe. Und wenn wir dann nichts hatten, um ihren Forderungen zu entsprechen, dann sagten sie, sie hätten sich das anders vorgestellt, und wenn das so weiterginge, müßten wir sehen, wo wir bleiben.

Es hat sich ein Versehen ereignet, das uns beinahe das Leben gekostet hätte. Von unserem Wirt und vom Bäcker bedrängt, hatte ich einen neuen dringenden Hilferuf an Christa schreiben müssen. In ihrer Verzweiflung und in der Furcht, mit ihrer Hilfe zu spät zu kommen, hatte Christa einen Einschreibebrief nicht über Krakau, sondern direkt an unseren Wirt geschickt. Dieser Brief gelangte zu unserem Unglück in die Hände des Postmeisters Wihan.

Wihan ist ein gefährlicher Mensch, ein Antisemit aus Leidenschaft, der sich selbst freiwillig an der Vernichtung der Juden beteiligt hat. Schon früher, als wir im Ghetto noch Post empfangen durften, hatte er sich für meine Briefe, die Christa stets philatelistisch frankierte, interessiert. Er war ein noch größerer Markensammler, als er Antisemit war, und er ließ mich damals durch einen Briefträger zu sich rufen. Er verlangte Marken von mir für seine Sammlung, und er bot mir Brot dafür. Den Juden war es verboten, das Postamt zu betreten. Wihan ließ mich durch die Hintertür ein und aus gehen. Nun war der von Christa in guter Absicht auffällig frankierte Brief in die Hände dieses Postmeisters und Briefmarkensammlers gefallen. Wihan sagte sich gleich, der Philatelist muß am

Leben sein, und er war entschlossen, der Sache nachzugehen. Zum Glück war der zweite Postvorstand Lazarewicz ein guter Mensch. Er wußte von unserem Versteck und hat es nicht verraten. Lazarewicz nahm den gefährlichen Brief und ließ ihn unserem Wirt zustellen, und am nächsten Sonntag erzählte er B. in der Kirche, was sich auf dem Postamt ereignet hätte. Da der Brief verschwunden war, vergaß Wihan allmählich den Vorfall. Unser Wirt machte uns aber zu Hause, das heißt im Keller, das heißt in der Finsternis, eine furchtbare Szene. Ich schrieb sofort an Christa und flehte sie an, alle Sendungen nur noch über Krakau gehen zu lassen. Wir fürchten aber jeden Tag, daß noch ein Brief auf dem direkten Weg an unseren Wirt unterwegs sein könnte. Dieser Brief würde unser Todesurteil bringen.

Jede Berührung mit der Außenwelt ist wie ein Zusammenstoß feindlicher Sterne und gefährdet unser seltsames Dasein. Kaum hatten wir die Furcht verloren, daß noch ein Brief von Christa an unseren Wirt unterwegs gewesen und in die Hände des Postvorstandes gefallen sein könnte, als sich heute eine andere Überraschung ereignete. Richard, Janinas zweiter Sohn, tauchte plötzlich aus der Nacht der Judenverfolgung bei uns auf. Er war schon früher in Zbaraz gewesen, hatte sich dann aber durch den Verkauf all seines Besitzes einen gefälschten Ariernachweis verschafft und als Nichtjude in Krakau gelebt. Es beschäftigten sich in Polen viele Leute mit der Herstellung von Ariernachweisen, die sie gegen sehr viel Geld an die gefährdeten Juden verkauften. Diese Leute waren aber auch in den meisten Fällen Erpresser. Richard hatte das Unglück, solchen Erpressern in die Hände zu fallen, und wenn er auch dank der falschen Papiere außerhalb des Ghettos unter den Polen leben konnte, so hatte er doch keinen Tag Ruhe vor den Geldforderungen und Drohungen der skrupellosen Geschäftsleute, denen er ausgeliefert blieb. Als es ihm schließlich unmöglich wurde, noch einen einzigen Zloty aufzutreiben, wollten ihn die Erpresser als Juden anzeigen und verschwinden lassen. Richard floh auf abenteuerlichen Wegen zu uns und sank erschöpft, ein gehetztes Wild und am Ende seiner Kräfte, in unserem Keller nieder. Es gab einen entsetzlichen Kampf mit unserem Wirt. B. wollte Richard unter keinen Umständen dulden, und erst nach vielen Bitten, in denen ich mich tief vor ihm demütigen mußte, gab er widerwillig die Erlaubnis, daß Richard bleiben durfte. Aber es waren harte Bedingungen, die B. uns stellte. Richard kam mit einem verhältnismäßig guten Anzug aus seiner Krakauer »Arierzeit« in Zbaraz an. Er mußte den Anzug ausziehen und ihn B. geben, das heißt, B. tauschte ihm den Anzug großmütig gegen eine vollkommen zerrissene Hose ein. Natürlich fror Richard, ungenügend bekleidet, in unserem kalten Keller, und Janina mußte ihm ihre Jacke geben. Als Schlafgelegenheit stiftete B. für Richard ein großes Brett. So hausten wir zu Dritt wie Maulwürfe unter der Erde.

Es ist Hochsommer oben in der Welt. Wir merken nichts davon. In unser Loch fällt kein Sonnenstrahl. Die Hitze steigerte die geistige Verwirrung unserer Wirtin. Plötzlich riß sie über uns die Kellerklappe auf und schrie: »Macht doch, daß ihr fortkommt! Ihr könnt heimreisen. Der Antichrist ist gekommen.« Ein anderes Mal schickte sie uns mit den täglichen Kartoffeln einen Teller abgenagter und angebrannter Hühnerknochen. Auf unsere Frage nach dem Zweck dieser Gabe antwortete sie, wir sollten uns nützlich machen und aus den Hühnerknochen Glas fabrizieren. Wir lachten nicht. Wir zitterten vor Frost, Elend und Angst.

Die Feuchtigkeit wird immer unerträglicher. Wir fürchten für unsere Gesundheit. Wir haben furchtbare rheumatische Beschwerden. Wenn nun einer von uns ernstlich krank würde und stürbe? Kalter Schweiß tritt auf meine Stirn! Es ist ein entsetzlicher Gedanke, sich die Situation auszumalen, in der die Überlebenden sein würden. Wahrscheinlich müßten sie den Gestorbenen unter sich im Lehm vergraben. Wir dürfen nicht sterben.

Die Tage schleppen eintönig dahin. Wir verlieren jedes Zeitbewußtsein. Wir wissen kaum, wann es Tag und wann es Nacht ist. Wir sind wie Eingeschlossene in einem verschütteten Bergwerk. Wird irgendwer nach uns graben? Wir werden immer schwächer und ungelenker. Die Glieder rosten ein.

Es ist tiefer Winter im Land. Wir liegen froststarr eng aneinandergepreßt wie Tiere in einer Höhle. Die Wände unseres Loches sind nicht mehr feucht. Sie sind mit Reif bezogen. Wenn unser Wirt oder der Bäcker zu uns in den oberen Keller kommen, bringen sie an ihren Schuhen Schnee herein. Wir müssen einen erschreckenden Anblick bieten. Wir sind über und über verdreckt, und der Dreck ist an Haut und Kleidern festgefroren. Unsere Pupillen haben sich in der ewigen Dunkelheit erweitert. Wir haben Angst, blind zu werden. Heute sprach der Bäcker vom Vordringen der Roten Armee und vom Rückzug der Deutschen. Werden die Bolschewisten uns retten, werden die Retter uns noch am Leben finden?
Wir haben keine Lebensmittel mehr, und Wirt und Bäcker stellten neue Geldforderungen. Ich kann von Christa nicht Unmögliches verlangen. Ich grübelte, wie wir uns helfen könnten, und in meiner Not fiel mir die goldene Brücke in meinem Munde ein. Aber wie konnte ich die Brücke aus dem Kiefer nehmen? Ich durfte ja zu keinem Zahnarzt gehen und auch keinen herbeirufen. Ich versuchte, die Operation selbst zu vollbringen. Es dauerte eine lange Zeit. Ich ließ mir Zeit. Es waren qualvolle Stunden. Zähne und Kiefer schmerzten, und das Zahnfleisch blutete und entzündete sich. Schließlich konnte ich den gesunden Zahn, an dem die Brücke befestigt war, lockern. Dann nahm ich meine letzte Energie zusammen und riß den Zahn mit der Brücke heraus. Das Gold gab ich B., der es bei einem Zahnarzt verkaufte. Er bekam über dreieinhalbtausend Zloty für das Gold. Ich schenkte ihm die

Hälfte davon, und auch der Bäcker bekam einen Teil des Geldes. So hatten wir eine neue Frist gewonnen, Ruhe und Brot für einige Zeit.

Der Bäcker nährt uns jetzt reichlicher. Er erzählte, daß deutsche Truppen auf ihrem Rückzug durch Zbaraz gekommen seien. Die russischen Stellungen sollen nur noch hundert Kilometer von der Stadt entfernt sein. In den Außenbezirken legt man unter deutscher Leitung Schützengräben an. Es mehren sich die Zeichen des kommenden Zusammenbruchs. Es sind Zeichen der Hoffnung für uns.
Unser Wirt kam sehr nervös in die Unterwelt und sagte, daß ukrainische SS zu ihm ins Quartier käme. Wir leben in großer Furcht und wagen in unserem Loch kaum mehr zu atmen. Die Nachricht scheint aber nicht zu stimmen.

Das Haus hat nun doch seine Einquartierung bekommen. Es wurde oben heftig an die Tür geklopft. Wir lauschten und hörten deutsche Laute. Die Russen müssen nahe sein, aber wir sind in um so größerer Gefahr. Wir haben uns unter das Stroh gelegt, das uns als Lager dient. Wir hoffen so, nicht entdeckt zu werden, wenn einer der Deutschen aus irgendeinem Grund in unser Verließ hinunterleuchten sollte. Nach einiger Zeit erschien B. bei uns und berichtete, daß deutsche SS im Haus sei. Wir sollten sehr aufpassen, meinte er, und wahrscheinlich sei keine Verbindung zwischen ihm und uns möglich. Dann stellte er uns noch einen großen Topf Kartoffelsuppe hinunter und überließ uns unserem Schicksal. Die Retter mögen nahe sein, aber noch ist der Tod uns näher. Ihre Niederlage hat die Deutschen nicht milde gestimmt. Die SS ist schießwütig wie ein umstellter Gangster.

Im Haus geht es stürmisch zu. Den ganzen Tag hören wir das Trampeln von Soldatenstiefeln, geschrieene Befehle und Stimmengewirr. Die Verwirrung in der geschlagenen Truppe scheint groß zu sein. Für uns ist es eine zusätzliche Pein.
Es kam uns vor, als wollte man Zbaraz schwer verteidigen. Seit heute Nachmittag aber hören wir ununterbrochen Automobile in Richtung Tarnopol, also westwärts, davonfahren. Der deutsche Rückzug muß in vollem Gange sein. Später begannen Geschütze zu dröhnen. Wir spüren in unserem Erdloch die Erschütterungen der Einschläge. Wir sind wie im Fieber. Unsere Glieder beben. Wir krampfen die Hände. Bald muß uns die Stunde der Freiheit schlagen.

Wir sind frei! Es ist, als sei die Stunde der Erlösung, die lange ersehnte, herangeschlichen und plötzlich dagewesen wie mit einem Sprung und atemraubend! Unser Wirt war zu uns gekommen und hatte die Vermutung geäußert, daß die Russen bald kommen würden. Dann folgte B. der Bäcker und berichtete, auf dem Marktplatz haushohe russische Panzer gesehen zu haben. Unsere Ergriffenheit war so groß, daß wir nicht sprechen konnten. Die so nahe Freiheit konnte in uns keinen Ausruf der Freude, nur ein Schluchzen hervorrufen. Es trat dann einige Verwirrung ein. Wir wagten uns nicht ins Freie, konnten auch gar nicht mehr aus eigener Kraft unser Loch verlassen, und unser Wirt hatte aus unbestimmten Gründen noch immer Angst, uns heraufzuholen. Er bekam russische Einquartierung, verschwieg aber den Russen unsere Anwesenheit.

Wir waren durch die Ereignisse in großer Aufregung und redeten jetzt laut. Unsere Stimmen wurden oben gehört. Drei russische Offiziere kamen in den Keller und erkundigten sich mit vorgehaltener Pistole, wer sich hier unten versteckt habe. Wir riefen ihnen zu, wer wir seien. Einer der Offiziere kam zu uns herunter, und wir zeigten ihm unsere Personalpapiere, soweit wir sie noch hatten. Die Russen waren über unsere Geschichte sehr verwundert. Sie fanden die Verfassung, in der sie uns sahen, unglaublich. Wir waren Höhlenmenschen geworden, und ich glaube, die Offiziere waren geneigt, uns dafür zu halten. Unsere Glieder waren zu eingerostet und wir waren zu schwach, um ans Licht zu treten. Es mußten russische Soldaten geholt werden, die uns aus dem Erdloch herauszogen. Nach Monaten sah ich die Sonne wieder. Sie stand blutrot über einer weiten Schneelandschaft. Die Weite, die Freiheit, die Sonne und der Schnee betäubten mich. Ich sank zu Boden.

Wir waren wie neugeboren, unbeholfen und fremd in dieser Welt. Wir mußten wieder das Gehen lernen, und dies dauerte vier Wochen. Wir lagen in einem richtigen Bett. Das Bett stand in einem richtigen Zimmer. Das Zimmer hatte Fenster. Die Vorhänge waren zugezogen. Das Licht blendete uns. Wir hielten die Augen geschlossen. Waren wir im Paradies? Die Russen schenkten uns alle Fürsorge. Offiziere und Soldaten bewirteten uns, und ein jeder war bemüht, uns irgendeine Gabe zu bringen oder uns eine Hilfe zu leisten. Der Weg durch die Nacht ist gegangen. Noch ist Krieg in der Welt. Aber für uns ist ein Wunder geschehen!

Die Schreckensszenen, das unvorstellbare Abenteuer, das ich durchmachen mußte, die tausendmal wiederholte Todesangst sind nicht aus dem Gedächtnis, nicht aus dem Bewußtsein und aus dem Gemüt zu bannen. In jeder Nacht quälen mich Verfolgungsträume. Ich sehe die Mörder wieder, sehe den schwarzen Totenvogel der SS auf den grauen Röcken, auf den weißen Mänteln, ich sehe die Opfer sinken und erwache schweißgebadet und zitternd; oder ich weine im Traum und erwache tränenüberströmt.

Herr Zeitlen, ein Berichterstatter der Prawda, war bei uns und interessierte sich für unsere Geschichte und den Zustand unserer körperlichen Herabgekommenheit. Wir mußten vor ihm die Lumpen ausbreiten, die an unseren Leibern klebten, als wir aus dem Erdloch herausgezogen wurden. Die Fetzen liegen wie ein Haufen Schmutz auf dem Boden des schönen Zimmers, das wir jetzt bewohnen, und wirken grotesk. Herr Zeitlen besichtigte dann den Keller und kroch in die finstere Höhle hinunter, die uns das Leben bewahrt hat. Er war erschüttert und hielt es einfach nicht für möglich, daß wir es Monate und Monate in dem Maulwurfsloch ausgehalten hatten.

Wir machten einen ersten kurzen Spaziergang und gingen auf Krücken gestützt zum Marktplatz. Dort bot sich uns ein Bild, das uns an alle überstandenen Schrecken erinnerte. Inmitten des Platzes war ein Galgen aufgerichtet. An ihm hing ein Mensch in zerrissener Uniform und Neugierige umringten ihn. Als wir nähertraten, sahen wir, daß der Erhängte der einst so gefürchtete SS-Gendarm Jetzt war. Jetzt hat Hunderte von Juden erschossen und ist mit mancher Greueltat belastet vor seinen Richter getreten. Aber so schwer sich auch dieser Scherge wider die Menschlichkeit vergangen haben mag, es wäre mir lieber gewesen, ihn hier nicht hängen zu sehen. Ich weiß nicht, was man mit den Funktionären des Mordes anfangen soll, mit denen, die so grausam und so unvorstellbar vielfach geschlagen und getötet haben. Ich kenne die Strafe nicht, die die Ermordeten lebendig, die das Unrecht ungeschehen machen könnte. Die erlittene Bitternis läßt mich keine Antwort auf die alte Frage finden: Was ist Gerechtigkeit in dieser Welt? Ich möchte nicht, daß das Morden nunmehr fortgesetzt, daß weiterhin Galgen errichtet werden und Erschießungskommandos ihr blutiges Werk tun. Ich sage, es ist genug getötet worden. Der Mensch hat genug Blut vergossen. Kain hat immer wieder Abel getötet. Es ist für alle Zeit genug!

Es ist Mai geworden, und unser Gesundheitszustand bessert sich. Janinas blasses Gesicht hat schon etwas Farbe angenommen. Dagegen fängt unser Wirt allmählich zu kränkeln an. B. ist ein eigenartiger Mensch. Er hat uns geholfen, er hat uns zweifellos das Leben gerettet, und doch hat er uns auch in unserer Notlage erpreßt. Unsere Gefühle gegen ihn sind dementsprechend; mal glauben wir, ihm dankbar sein zu müssen, und mal möchten wir ihn nicht achten. Vielleicht war es damals schon der Keim einer in ihm steckenden Krankheit, die ihn einerseits lebens- und damit geldgierig und dann wiederum mürrisch, zynisch und launenhaft sein ließ. Janina besucht ihn zuweilen an seinem Krankenbett. Er spricht kaum ein Wort mit ihr; dennoch scheint er ihr Kommen nicht ungerne zu sehen.

Der Sommer ist da, wir erleben einen neuen Sommer, und immer wieder kommt ein Tag, an dem wir es gar nicht fassen können, daß Licht und Wärme auch für uns da sind. Im schönen Garten blühen die Blumen in wechselnder Pracht. Ich kann erst jetzt beurteilen, mit

welcher Liebe und Sorgfalt der Garten angelegt ist. B. ist bis zu dem Tage, an dem er sich krank zu Bette legte, ein leidenschaftlicher Blumenzüchter gewesen. Jetzt, da er den Garten nicht mehr betritt, zeugen seltene Züchtungen von seinen gärtnerischen Fähigkeiten: Wir sehen schwarze Tulpen, schwarzrote Rosen, ja sogar weiße und rote Rosen auf einem Stengel blühen. Die Rückwand des Hauses ist dicht bewachsen mit Caprifolien. Es ist ein kleines Blumenparadies, in dem wir jetzt manche Stunde verbringen. B. auf seinem Krankenbett erhält selten Besuch aus der Stadt. Er muß ein einsamer Mensch gewesen sein, vielleicht ein Menschenhasser, und seine ganze Liebe scheint seinen Blumen gegolten zu haben. Es ist sehr seltsam, daß wir gerade ihm unser Leben verdanken.
Ich habe heute einen Gang in das einstige Ghetto gemacht. Es war ein schmerzliches Erlebnis. Von den Häusern, in denen etwa fünftausend Juden zusammengepreßt leben mußten, konnte ich nur einige wiederfinden. Alle anderen waren Trümmerhaufen. Ich brauchte Mühe, um die Reste der beiden Hütten zu finden, in denen wir einst gehaust hatten. Und von den Juden, die hier lebten und litten, war keiner mehr zu sehen. In der Straße, die jetzt die »Straße des 9. Januar« heißt, ging ich über das Pflaster, das ich oft gekehrt hatte, und sah noch die Steinblöcke von den Grabsteinen des von Kindern zerstörten jüdischen Friedhofs im Wege liegen. Die hebräischen Inschriften der geschändeten Grabplatten waren unter dem Schmutz der Straße noch immer zu lesen.

In einem Kinderheim wurde mir heute ein Kind gezeigt, das auf wunderbare Weise vor dem Tode gerettet wurde. Während der letzten Vernichtungsaktion gegen die Juden brachte eine Bäuerin aus der Umgebung den Mördern ein etwa drei Jahre altes, jüdisches Kind, das ihr übergeben war, um es vor den Häschern zu verstecken. Die Frau gab das Kind der SS mit den Worten, sie wolle es nicht behalten. Die SS-Männer setzten das Kind vor die niedergebrannte Synagoge, und einer legte auf das kleine Geschöpf an, das keine Ahnung hatte, was mit ihm geschehen sollte, und ruhig sitzen blieb. Der Schuß krachte, aber die aus geringer Entfernung abgegebene Kugel ging fehl. Das Kind lachte zu seinem Mörder hinüber. Dieser legte noch einmal an, aber auch der neue Schuß traf nicht. Und so geschah es noch ein drittes Mal. Verärgert und vielleicht irgendwie seltsam berührt rief der Schütze einen ukrainischen Milizianten heran und befahl ihm, den »Judenbalg« zu nehmen und ihn taufen zu lassen. Die Geschichte wurde mir von in Zbaraz lebenden Zeugen bestätigt. Viele bemühen sich heute, das Kind zu adoptieren.

Die Russen haben heute mit der Ausgrabung der Opfer der fünften und sechsten Judenaktion begonnen. Eine Kommission ist aus Moskau und anderen Städten erschienen, um an Ort und Stelle die Tatsachen des Massenmordes festzustellen. Ein großer Teil der Bevölkerung von Zbaraz, Ärzte und Soldaten der Roten Armee und die wenigen Überlebenden der fünftausend Juden sind mit der Kommission zu den Benzingruben hinausgezogen. Viele der Juden, die gleich uns in den armseligsten Verstecken gehaust hatten, sahen sich bei dieser Gelegenheit zum ersten Male wieder, und jeder hatte ein furchtbares Schicksal hinter sich, hatte den Tod von Angehörigen, Freunden und Bekannten zu beklagen, und jede Rettung war ein Wunder. Wir versammelten uns am Grabe der Opfer zu einer Andacht, die erschütternd war. Hierauf hielt der Führer der russischen Kommission, ein Major, eine Ansprache. Dann traten dreißig junge Männer mit Schaufeln an, und die Exhumierung begann. Die Erdschicht, die die Leichen bedeckte, war dünn. Der erste Körper, der freigelegt wurde, war der einer jungen Frau, die ein Kind im Arm hielt. Immer wieder hörte man laut Klagen und Rufe der Juden, manche warfen sich vor Schmerz auf die Erde. Janina und ich konnten den Anblick kaum ertragen.

Die Öffnung der Massengräber wird fortgesetzt. Janina blieb zu Hause, aber ich mußte wieder hingehen, da man mich zur Identifizierung der Leichen brauchte. Hinter dem Schloß grub man heute neunzehn Personen aus. Darunter waren der junge Oehl, seine Frau und ihr Kind, die reizende Noemi, die ich oft auf meinen Knien gehalten habe. Auch sonst mußte ich gerade aus diesem Grab viele Bekannte in der Entstellung des gewaltsamen Todes wiedersehen. Alle bis auf das Kind hatten Kopfschüsse; nur einem Opfer war der Schädel eingeschlagen. Ein Zeuge berichtete, wie die Ermordeten sich erst ihr Grab gegraben, dann sich vor ihm aufgestellt und den tödlichen Schuß empfangen hatten. Das Kind wurde weinend in das Grab gestoßen. Ein Bauer, der beim Zuwerfen des Grabes helfen mußte, hatte das Kind noch lange, als schon Erde über das Grab gelegt war, weinen hören. Seine Aussage wurde zu Protokoll genommen.

Im Walde von Lubianka wurde das Massengrab der zweiundsiebzig Geiseln der ersten Aktion gefunden und in Anwesenheit der Kommission geöffnet. Auch hier scheint der Vorgang der übliche gewesen zu sein: Die verlorenen Menschen wurden zu dem Ort getrieben, an dem sie sterben sollten. Das erste Mal war der Ort eine Schneise im Wald, der Hohlweg aus alten grausamen Sagen, der Mörderpfad der schrecklichen Träume. Die Lemuren, in deren Hände die armen Opfer gefallen waren, hatten Unteroffiziersseelen. »Antreten zum Grabausheben«, brüllten sie wohl, und Spaten und Hacken wurden verteilt, und auf tüchtige Leistung wurde gesehen und Lob und Tadel geschrien. Und während die Juden hastig und schweißgebadet, verwirrt vom Schnauzton der Peiniger und in der Furcht vor Hieben, das Grab aushoben, von dem sie wußten, daß es sie selbst in wenigen Minuten verschlingen würde, brachten einige der Henker mit lässiger Routine das Maschinengewehr in Stellung. Dann kam das letzte Antreten vor dem Grab, und das Maschinengewehr streifte die Reihe lang, und sie fielen einer nach dem andern zurück, und ihr Blut mischte sich im Graben, und ihr Schreien erstickte in des Nächsten zerfetztem Fleisch. Diese ersten Opfer einer Massenerschießung hatten noch ihre Kleider an. Die nach ihnen Ermordeten hatten sich vor ihrer Ermordung auszuziehen. Die Unteroffizierslemuren sahen darauf, daß die Kleider sauber und ordentlich hingelegt wurden. Für diese Mörder gab es nur Vorgesetzte und Rekruten. Die Juden, die sie zu töten hatten, waren für sie Rekruten, mit denen das Kommando »Antreten zum Erschießen« geübt wurde.

Unser Wirt ist heute gestorben. Die geisteskranke Wirtin, statt sich um den Toten zu kümmern, sang in der Küche Choräle vom Antichrist. Im Garten blühen neue Rosen. Durch die schönen Zimmer des Hauses streift der Sommerwind. Von irgendwoher tauchte ein Sohn des Toten auf. Er nahm die Uhr und die Brieftasche des Verstorbenen an sich und verschwand wieder, lautlos, tränenlos, erregungslos, irgendwohin. Niemand dachte daran, für ein Begräbnis zu sorgen. Schließlich nahm sich Janina dieser Aufgabe an.

In der Zeitung lesen wir von den Siegen der Alliierten und von den schrecklichen Luftangriffen auf deutsche Städte. Hitler, von seinem Dämon getrieben, opfert ganz Deutschland seinem entsetzlichen Wahnsinn. Seit die Rote Armee uns in Zbaraz befreite, haben wir von Christa nichts mehr vernommen. Wir sind nun gerettet; aber um Christa, die so treu half, uns zu retten, sind wir in großer Sorge. Ich flehe zu Gott, daß er diesen guten Menschen nicht untergehen lassen möge in der blutigen, schmutzigen Todesdrift der Verbrecher in Deutschland.

Zbaraz kehrt nach der furchtbaren Zeit, die es erleben mußte, zu friedlichen Tagen zurück. Die Ernte des Sommers wird auf den Markt gebracht. Obst und Gemüse werden in großen Mengen angeboten. Die Bauern kommen wieder mit Milch und Topfen und manchmal mit einem Huhn in die Stadt, und sie sagen freundlich zu mir, »ein guter Topfen, eine schöne Milch, ein fettes Huhn, Herr«, und kaum will man noch der Erinnerung glauben, da ihre Wagen bei Nacht in das Ghetto kamen und die Habe der Erschlagenen fortführten. Inmitten des Marktes stand eine ältere Dame mit einem großen Tablett. Sie bot wortlos kleine, selbstgebackene Kuchen an. Ihr Haar war schneeweiß, und ihr Blick schien in die Leere zu gehen. Es war eine Jüdin aus Tarnopol, eines dieser Wunderwesen, die am Leben geblieben sind. Sie stammt aus guten Verhältnissen; ihre Angehörigen liegen in den Massengräbern.

Nach unserer Rettung wurden wir in der ersten Zeit von der Roten Armee versorgt. Jetzt hat der Kampf um das tägliche Brot auch für uns wieder begonnen. Janina hat ihr Strickzeug in die Hand genommen, und ich versuche, mal hier, mal dort mich nützlich zu ma-

chen. Viele Familien geben uns Arbeit und unterstützen uns. Aber Zbaraz bleibt doch die Fremde für uns, der Ort der Verbannung und der Ort der Erduldung höllischer Qualen.
Am 7. November feierten die Russen das Revolutionsfest. Wir wenigen Juden zelebrierten in den Ruinen der Synagoge einen Dankgottesdienst. Ein Häuflein Überlebender und für ihr Leben Gezeichneter, kaum mehr als zwei Dutzend Menschen waren versammelt. In tiefer Trauer gedachten wir der unglücklichen Opfer. Wir beteten für sie und dankten Gott für unsere Rettung. Wir Lebenden sind auserwählt: Wir sind die Zeugen der Unmenschlichkeit und der Finsternis. Wir haben die Fratze des Menschen gesehen; werden wir uns je wieder an seinem Antlitz freuen dürfen und im Menschengesicht das Bild Gottes wiedererkennen? Zwischen den Trümmern der Synagoge fand ich die verkohlten Reste einer Thora und nahm sie mit dem Einverständnis der anderen an mich. Wohin mich mein Weg auch führen mag, wenn der Tod in Europa sein Werk getan hat (wer riß ihm die Türen weit auf?), die Thora, das verkohlte Stück Pergament mit den alten, heiligen Schriftzeichen wird mich in der Welt an die Unterwelt mahnen, an das Unwesen des Menschen, das in unerforschlicher Weise in seinem Wesen eingeschlossen liegt und das, wie mir scheint, durch ein Nichts, durch einen Wahn in jeder Sekunde und an jedem Ort schrecklich hervorbrechen kann.

Wir sind durch die Nacht gegangen. Ich weiß, ich habe keine bedeutende Rolle im Totentanz der Zeit gespielt, und war nur ein kleiner Komparse in der großen Inszenierung des Teufels. Ich habe Schreckliches erlebt; doch anderen ist Schrecklicheres widerfahren. Aber es war für mich ein langer Weg von München nach München, eine Odyssee des Grauens, ein Abenteuer, wie ich es in keinem Buch gelesen habe, und wäre es ein Bericht aus dem finsteren Afrika. Ich bin in der Hölle gewesen. Und daß ich jetzt wieder in der Welt lebe, halte ich für ein Wunder. Ein Wunder geschieht nur durch Gott, Gott führte mich durch die Todesnot! Er und kein anderer

Eines Tages läuteten in Zbaracz die Glocken, und die Frommen bekreuzten sich, und die Russen ließen die roten Fahnen wehen, und auf dem Markt war ein Fest: Deutschland hatte kapituliert, der Krieg war aus. Wir fuhren nach Westen, und es war eine Fahrt durch das zerstörte Europa. Wir sahen die vernichteten polnischen Städte, wir sahen das verwüstete Krakau, wir fanden Prag in Unruhe, und schließlich saßen wir in einem Transportzug zusammen mit anderen Unglücklichen dieses Krieges, Verschickten und Verschleppten und dem Strandgut der Zeit, und reisten über zerstörte Brücken, über Gleise, die von Bomben verbogen waren, vorbei an ausgebrannten Zügen und an Lokomotiven, die wie umgefallenes Spielzeug neben der Strecke lagen, durch Bahnhöfe, die keine Bahnhöfe mehr waren, durch Städte, die in Trümmern lagen, nach München. Es war heller Mittag, ein Tag im August 1945, und als ich aus den Ruinen des Münchener Hauptbahnhofs kam, glaubte ich in einer Gespensterstadt zu sein. Ich fand vernichtet, was mir einst teuer war, und das Bild, nach dem ich mich in der Verbannung gesehnt hatte, wenn ich den vermessenen Gedanken dachte, wie es sein würde, als Mensch nach München zurückzukehren, das Bild war für immer verschwunden. Die Furie des Krieges hat die Stadt gezeichnet. Auch hier haben die Menschen Unsagbares erlebt, haben gelitten, sind gestorben oder wie durch ein Wunder gerettet worden. Mußte das alles geschehen?

Der Mensch ist des Menschen Feind. Einer schlägt den anderen. Das war immer so und wird immer so bleiben, sagen die Lauen, sagen die Geduldigen, sagen die Herzensträgen. Könnte nicht endlich die Zeit anbrechen, da der Mensch empfindlich wird und des Menschen Schläge nicht duldet? Da kommen sie, die ich kannte und die den Krieg überlebt haben, aus ihren Kellern, aus ihren Verstecken, aus den Ruinen ihrer Häuser, stehen vor ihrer vernichteten Existenz und der schweren, ungewissen Zukunft und fragen mich: Was hätten wir tun können, wie hätten wir uns wehren sollen? Ich sah, wie im Ghetto die Juden starben, zusammengetrieben wie das arme Vieh, wie sie zitternd vor ihrem Grab standen und auf die Kugel warteten. Es war ihnen in keiner Weise gegeben, sich zu wehren, sie waren nur Opfer, nur Leidende, sie hielten die Maschine des Todes nicht in Gang. Aber war das große Volk der Deutschen ein Häuflein verlorener Juden? Was wäre geschehen – ich kann nicht umhin dies zu denken –, wenn Deutschland, das alte Deutschland, den Befehlen seines Molochführers nicht gefolgt wäre, wenn es aus Einsicht, Klugheit, Charakterstärke und Christlichkeit den Parolen des Krieges und der Unmenschlichkeit standhaften Ungehorsam entgegengesetzt hätte? Wenn kein Mann zur Armee, keine Frau in die Fabrik gegangen wäre und die Bewohner der Städte sich nicht gefügig den Bomben ausgesetzt, sondern geschrien hätten: Nein, wir wollen das nicht erdulden, wir wollen leben! – Wäre dann nicht die Macht des Dämon in sich zusammengefallen, ein Nichts geworden, und wir hätten über das Machtstäubchen lachen können, statt über den Staub der Städte weinen zu müssen! Bedenkt: Die Städte würden dastehen in alter Pracht, die Gefallenen würden leben, die Krüppel würden gehen und der Hunger wäre nicht in den Augen der Kinder, wenn ihr Nein gesagt, wenn ihr nicht eure Leiber, eure Kinder, eure Liebsten, eure Arme und euren Fleiß dem Unheil ausgeliefert hättet.

Haß ist ein schreckliches Wort! Haß, Wahnsinn und Verblendung führten das Unglück heran. Ich hasse niemanden. Ich hasse auch die Schuldigen nicht. Ich habe unter ihrer Verfolgung gelitten; aber ich maße mir nicht an, ihr Richter zu sein. Das Nicht-richten-wollen und Nicht-richten-können schließt aber auch dies ein: ich darf nicht vergeben, ich darf die Schuldigen nicht lossprechen. Die Taten, die geschehen sind, entziehen sich, meiner Meinung nach, jeder menschlichen Beurteilung. Nur Gott kann das Entmenschte richten, und er mag gnädig richten, wo alle menschliche Barmherzigkeit vermessen wäre.